변화를 만드는 초국적 여성 운동 2

EGEP BOOK 시리즈

변화를 만드는 초국적 여성운동 2

아시아·아프리카 여성 활동가 112인의 이야기

기획 이화여자대학교 아시아여성학센터
글 이명선 · 노지은 · 김나연 · 이소정 · 이은희

이화여자대학교출판문화원

책을 펴내며

이 책은 이화여자대학교 '이화글로벌임파워먼트프로그램(Ewha Global Empowerment Program, EGEP)'을 통해 만난 112인의 여성 활동가들에 대한 이야기를 담고 있습니다. 〈EGEP Book 시리즈〉의 일환으로 지난 2015년에 『변화를 만드는 초국적 여성 운동: 아시아·아프리카 여성 활동가 103인의 이야기』를 출간한 데 이어, 이번에 EGEP 6-10기 참가자들의 이야기를 모아 두 번째 책으로 펴내게 되었습니다.

EGEP는 2012년부터 이화여자대학교에서 기획해 운영하고 있는 교육 프로그램으로 '여성학 교육을 통한 아시아·아프리카 여성 활동가의 역량 및 리더십 강화'를 목적으로 합니다. 2017년 1월 현재까지 총 11기 교육을 진행했으며, 42개국 234명의 여성 활동가들이 교육에 참여했습니다. 이들은 다양한 아시아와 아프리카 국가의 마을과 도시에서, 혹은 국가 경계를 넘어 시민단체에서 활동하고 있는 여성 활동가들입니다.

애초에 이 시리즈의 기획은 EGEP라는 소중한 경험을 현장에서 함께하지 못한 다른 분들과 나누고 싶은 마음에서 이루어졌습니다. EGEP에 관심을 갖는 주위 분들은 흔히 이 프로그램에 참가하는 여성 활동가들이 어떤 사람들인지, 그들이 하는 여성 운동은 무엇인지, 이 교육을 통해 어떤 경험을 하는지를 묻곤 합니다. 우리는 참가자 한 사람 한 사람의 삶의 이야기, 전통과 관습의 단단한 굴레에 맞서는 도전, 가부장적 사회에서 여성주의자가 된 사연, 새로운 변화를 만들어내고 있는 뜨겁고 치열한 여성 운동 현장의 이야기를 통해 그 질문에 대답하고자 합니다.

이 책에서 소개되고 있는 여성 활동가들의 이야기는 가부장적이고 남성 중심적인 사회 속에서 여성들이 어떻게 새로운 삶과 변화를 이루어내기 위해 분투하고 있는지를 보여주는 한편, 이 여성 활동가들이 만들어가는 미래가 얼마나 새롭고 변혁적일 수 있을지 상상하게 해줍니다. 이들의 이야기는 여성의 역사에 대한 기록이자, 미래를 만들어가는 현재의 역사이기도 합니다.

여성학 교육이 그렇듯이, EGEP는 단순히 지식 전달의 장이 아니라 상호 배움의 장이자 이론과 실천이 함께하는 초국적 여성주의 교육의 현장입니다. 수십 개국의 나라에서, 그리고 다양한 활동 영역에서 각기 다른 배경을 가지고 다른 삶을 살아온 여성 활동가들이 대한민국 서울, 이화 캠퍼스에 함께 머물면서 서로의 삶에 대한 이야기를 나누고, 다름과 같음을 이해하고, 지역과 국가의 경계를 넘어서 '연대'를 이야기하는 경험은 그 자체로 '상호 배움'이 어떻게 이루어지는지, 그리고 '이론과 실천이 결합'되는 것이 어떻게 가능한지 그 과정을 보여줍니다.

많은 참가자들이 EGEP라는 여성주의 공간에서 다른 여성 활동가들과의 만남을 통해 "나는 이제 더 이상 혼자가 아니라는 생각을 하게 되었습니다. 비록 다른 공간 속에서 살아가지만, 나의 삶과 나의 활동이 다른 여성들과 밀접하게 연결되어 있음을 느낍니다"라고 말하곤 합니다. 이 '연결됨'의 의식은 개인적인 임파워먼트의 원동력이자 지역과 국가, 차이와 다름을 넘어서는 초국적 여성 연대의 첫걸음이기도 합니다. 더 나아가 EGEP의 배움 안에서 이루어진 여성들 간의 만남과 연대가 이 책을 통해 더 많은 여성들, 여성주의자들, 여성 학자들, 여성 활동가들과의 또 다른 만남과 연대로 확장되기를 기대합니다.

이 책은 전편과 마찬가지로 아시아여성학센터 교수와 연구원들의 공동 작업으로 이루어졌습니다. 이 책에 실린 여성 활동가들의 이야기는 참가자 발표문, 에세이를 비롯해, 그룹 토론, 교육 중에 개별적으로 나눈 대화 등 다양한 자료를 취합해서 엮은 것입니다. 매회 프로그램을 새롭게 기획하고 참가자를 모집하고 교육 과정을 운영하면서, 틈틈이 사진을 찍고 직접 글을 쓰고 또 여러 번 수정하는 과정이 결코 쉽지 않은 일이라는 것을 잘 알고 있습니다. 그러나 힘든 과정을 감내하면서도 '여성 활동가들의 이야기'를 기록하는 소중한 의미를 잘 알기에 결코 포기할 수 없는 작업이기도 했습니다.

무엇보다 이 책의 전체 기획을 담당한 이명선 특임교수의 노고에 감사드립니다. 또한 바쁜 업무 중에도 글쓰기 작업을 함께해준 노지은, 김나연, 이소정, 이은희 연구원에게도 감사의 마음을 전합니다. 특히 김나연 연구원은 글쓰기와 병행해 사진 작업을 맡아주었고, 노지은 수석 연구원과 이은희 연구원은 출판 업무를 담당해주었습니다. EGEP 교육에 함께한 아일린 박 특임교수와 연구위원들, 그리고 보이지 않는 곳에서 수고로운 일들을 해준 조교와 인턴들에게도 고마움을 전합니다. 마지막으로 이 책의 출판을 맡아준 이화여자대학교출판문화원에 감사드리며, 늘 따뜻한 격려와 지지의 마음으로 EGEP를 전폭적으로 뒷받침해주시는 자문/기획/교육위원회 교수님들과 본교의 지원에 깊은 감사를 드립니다.

2017년 4월
이화여자대학교 아시아여성학센터 소장
김은실

차례

2장 / 분노에서 여성주의 리더십으로

3장 / 침묵하지 않는 목소리가 변화를 만든다

4장 / 여성들이 일구어내는 공동체

5장 / 행복한 활동가

플로라 모스트 악타

린첸 양첸

아파프 하셈 파크히르 알-무사위

모흐 소반나라

마드후 만주샤

살마 유서프

마우린 무쿠타 무텡기

크리스틴 에밀리 아켈로 오티엔노

산기타 카풍

페레라 드 실바 나디샤 비다샤니

리투 타파

쿠 데모나

사이콰 아크바

김하나

카르마 초든

에스더 키아 훌

토코자니 모요

트리미타 차크마

레함 아여 파라 살람 알살가비

트란 티 트라 미

최지나

아나 에페파니아 퀴에로 에스코버

1장

아픔도 극복하면 자산이 된다

© 아시아여성학센터

피해 경험이

나를 멈추게 하기보다

더 강하게 만들었어요

플로라 모스트 악타

Flowra Most Aktar

방글라데시

방글라데시 전국여성변호인연합 (Bangladesh National Woman Lawyers' Association)

모니터링 담당관

7기 EGEP 수료

플로라 모스트 악타는 '방글라데시 전국여성변호인연합'에서 모니터링 담당관으로 활동 중이다. '방글라데시 전국여성변호인연합'은 1979년 여성 변호인들의 모임으로 시작해 1981년 법조인 단체로 공식 지정되었다. 현재는 1,300여 명에 이르는 법조인 회원을 가지고 있는 전국 단위의 단체로 성장했다. 인권과 여성의 권리 이슈를 방글라데시의 법 제도 안에 확립하고자 하는 목표로 활동하고 있는 이 단체에서 플로라는 단체의 전체 프로젝트들을 감독, 평가함으로써 프로젝트들이 각기 목표한 바를 달성하도록 관리하는 역할을 하고 있다. 또한 정부기관, 비정부기구 활동가 및 시민단체 활동가들을 대상으로 여성 인권에 대한 교육을 진행한다.

그녀는 중산층 가족의 지원 속에서 대학 교육을 마칠 수 있었지만, 어린 시절 어머니의 교육 덕분에 늘 다른 여성들이 겪는 차별과 폭력에 관심을 기울여왔다고 말한다. "제가 고작 10살 무렵이었을 때부터 저의 어머니는 주변의 힘든 환경에 있는 여자 친구들을 도울 수 있는 방법을 찾게 하셨어요. 일종의 지역 봉사인 셈인데, 그때 제가 할 수 있는 일은 그들에게 제가 학교에서 배운 지식들을 나누어주는 것이었어요." 여성에 대한 폭력의 상황들에 대해 점점 더 많이 알게 될수록, 이를 지속하게 하는 가부장적 질서와 실천들이 관습과 법 제도 속에 이미 깊이 물들어 있다는 것을 알게 된 플로라는 법 제도 개선을 위한 단체인 '방글라데시 전국여성변호인연합'에서 활동하기로 결심했다.

단체에서 활동을 시작하던 즈음, 플로라는 개인적으로 남편과의 이혼을 겪었으며 여성의 독립과 자립에 대해 한층 더 깊어진 문제의식을 가지게 되었다. 그 이후 오래되지 않아 사업 파트너와의 관계 속에서 겪어야 했던 피해자로서의 경험은 여성의 권리와 사회적 지위에 대해서 깊이 되돌아보게 했다. "이러한 피해의 경험들은 나를 멈추게 한 것이 아니라, 더욱더 열심히 활동하게끔 하는 계기가 되었어요. 대학 교육을 받은 저와 같은 중산층 여성들에게조차도 여성차별과 폭력은 언제나 일어나는 일이라는 것을 체감하게 되었던 거죠." 플로라는 EGEP가 다른 여성 활동가들의 경험을 들으며 정책 활동의 전략들을 함께 고민하는 소중한 기회가 되었다고 말한다.

© 김나연

소녀들의 고통을 치유하고 다시 학교로 돌아오게 하고 싶어요

린첸 양첸

Rinchen Yangchen

부탄

리뉴(Respect, Educate, Nurture and Empower Women, RENEW)

교사/활동가

6기 EGEP 수료

린첸 양첸은 부탄 종카그(Dzongkhag) 지역에서 가장 오래된 학교 중 하나인 겔리푸중학교의 과학 교사이자 '리뉴(RENEW)'의 활동가이다. 상담 교사로서 학생들을 상담하고 지도하는 일도 맡고 있다. 주로 가정폭력, 성폭력, 약물남용, 집단폭행, 중퇴 등의 문제를 겪고 있는 학생들이다. "제 주변의 결혼한 친구들은 가정폭력, 가부장적 문화로 인해 너무 많은 어려움과 문제를 겪고 있어요. 부탄에서 여학생이 임신을 하면 학교에 다닐 수 없어요. 동시에 임신을 시킨 남학생도 학교를 다닐 수 없어요. 아이들의 문제는 아이들만의 문제가 아니에요. 아이들을 전혀 돌보지 않는 부모들도 있어요. 그래서 저희는 부모도 교육을 해요."

상담을 요청하는 학생들은 주로 여학생이며, 이들은 열악한 가정환경 때문에 공부에 집중할 수가 없다고 토로한다. "매년 많은 수의 아이들이 학교를 중퇴해요. 대부분 여학생들이에요. 이유를 물어보면 열악한 가정환경 때문에 공부에 집중할 수 없다고 대답해요. 주로 알코올 중독 부모에 의한 가정폭력으로 불안감을 느끼는 경우가 많아요. 이런 상황에서 아이들은 성매매 같은 데 의존하기도 해요. 어떤 경우는 불법적인 결혼을 강요당하는데, 배우자가 알코올 중독이나 폭력 성향을 갖고 있어서 두 배로 심각한 상황에 내몰리기도 해요. 정신적인 고통이 너무 심해 잠시나마 안정을 찾으려고 하다가 약물 중독에 빠지는 경우도 있고요."

사회는 대개 이러한 상황을 개인의 불운으로 치부하거나 외면해버릴 뿐이다. "최근에 7학년 학생과 상담할 기회가 있었는데, 그 아이는 한부모 가정에서 자라고 경제적으로 너무 열악했어요. 매일 끼니를 해결하기도 어려운 상황이어서 거의 3년간 성매매를 강요당했고, 학교를 그만두려고 했어요. 그 아이가 공부에 마음을 잡을 때까지는 시간이 많이 걸리겠지요."

그녀가 여성 교육을 위한 단체 '리뉴'의 활동 멤버가 된 것도 이들의 문제를 함께 풀기 위해서이다. 2014년 세계 여성의 날 행사를 학교에서 같이 진행한 것이 계기가 되었다. 이후 중퇴 위기에 있는 아이들의 학교생활을 돌봐주고 있고, 비슷한 다른 사건들에도 함께 힘을 모으고 있다. "제가 하는 활동은 아이들이 자신의 경험에 대해 목소리를 낼 수 있게 하는 것이에요. 저는 항상 너는 이 세상에 유일한 존재라는 것을 말해주며 아이들을 응원해요."

이 라 크 여 아 들 의

교 육 권 을 위 한

아 동 결 혼 철 폐

아파프 하셈 파크히르 알-무사위

Afaf Hashem Fakhir Al-musawi

이라크

공공정책행정 이라크연합 (Iraqi Association of Public Policy and Administration)

상임대표

6기 EGEP 수료

© 김나연

"이라크 여성들은 많은 제약을 받고 있어요. 아버지는 제가 18살이 되었을 때 결혼하라고 했지만 저는 아버지를 설득해 대학을 갔어요. 대학 졸업 후에는 더 이상 공부는 안 된다며 또다시 결혼하라고 했어요. 저는 하고 싶지 않았지만 결국 결혼을 했어요. 당시 걸프전쟁이 한창이었어요. 가족들의 의견에 따라야 했고 저는 집에서 아이를 키워야 했어요. 결혼하고 10년이 지나서야 남편으로부터 일을 해도 된다는 허락을 받았어요."

아파프 하셈 파크히르 알-무사위가 처음 일을 하게 된 곳은 정부의 이민국이었다. 여성이라는 이유로 많은 차별을 받으며 힘든 직장생활을 견딘 그녀는 여성과 여아들이 겪고 있는 차별과 빈곤 문제 해결에 나서기로 결심하면서 '공공정책행정 이라크연합' 활동을 시작하게 되었다. 전쟁에서 남편, 부모를 잃고 아무 소득도 없는 여성과 아동을 위해서 기초 생활 지원 업무를 시작했고, 공공정책의 책무성과 효과성을 고민하고 있다.

그녀가 주목한 것은 다음 세대 여성들을 교육함으로써 능력을 개발시키는 일이다. 특히 초등학교를 다니는 여아들을 위한 교육은 매우 중요하다. 이라크는 아동 결혼의 관습으로 인해 많은 사람들이 여전히 8살 여자아이와도 결혼할 수 있다고 생각하기 때문이다. 이러한 관습은 법적으로 뒷받침되고 있어서, 이라크 정부는 9세 이하 여아라도 아버지의 허락만 있으면 성인과의 혼인을 허용할 수 있도록 한 소위 자파리 개인 지위법(Ja'fari Individual Status Law) 법안을 발의하고, 2014년 2월 25일 의회의 승인을 얻었다. 이 법은 명백하게 여성과 아이들의 권리를 침해하고 있다.

아파프는 이러한 부정의한 상황들을 변화시키고 이라크 사회의 여성들이 인간으로서 자신의 권리를 지킬 수 있도록 앞장서야 한다고 힘주어 말한다. "교육받은 여성으로서 저는 사회에서 남성과 동등한 인간으로 여성의 지위를 향상시키고 싶어요. 여성들에게 자신의 삶을 옹호할 수 있는 방법을 알려주기 위해 여성 인권을 가르쳐왔어요. 그들에게 선거에서 권리를 행사할 수 있는 올바른 정보를 주고, 의사결정에서 남성과 공유하기를 가르쳐요. 궁극적으로 여성들이 민주주의로 가는 평화로운 삶을 사는 데 필요한 권리를 교육하는 것이지요."

여성과 아동에 대한

폭력과 착취를

멈추기 위한 노력

모흐
소반나라

Moch Sovannara

캄보디아

월드 호프 인터내셔널
(World Hope International)

임상 자문가

7기 EGEP 수료

© 아시아여성학센터

모호 소반나라는 '월드 호프 인터내셔널(WHI)'에서 임상 자문가로 활동 중이다. 이 단체는 2005년에 설립된 국제 비정부기구로 18세 이하 성폭력과 성적 착취 피해 소녀를 지원하는 것을 목표로 하고 있다. 피해 소녀들은 의료 서비스, 트라우마 진단 및 상담, 법적 지원, 그리고 교육 서비스를 받을 수 있다. WHI 캄보디아 지부에서 임상 자문가로 활동하는 소반나라는 사회복지사와 상담사들을 양성하고 그들의 교육 자료를 만드는 업무를 맡고 있다. 구체적으로는 사회복지사와 상담사들을 감독하며, WHI에 매월 상담 가이드라인 관련 보고를 진행한다.

캄보디아는 오랜 세월 동안 대량 학살, 전쟁을 겪으며 아동 학대, 여성폭력, 착취, 인신매매, 차별 등등의 심각한 사회 문제들을 안고 있는 나라이다. 특히 여성과 아동은 폭력과 착취의 상황에 가장 많이 노출되어 있는 인권 취약계층에 속한다. 여성주의 활동가로서 그녀는 여성과 아동 학대가 가장 시급히 해결해야 할 문제라고 생각했고 이를 위한 전문적인 식견을 얻고자 사회복지학을 전공하게 되었다. 그러나 임상 자문가라는 직업이 캄보디아에서는 아직 잘 알려져 있지 않아서 많은 어려움과 시행착오를 겪어야만 했다. 특히 단체 활동가들조차 임상 자문가를 자신들의 활동을 평가하는 사람으로 이해했기 때문에 기피하려는 경향이 있었다. 그녀는 임상 자문가의 역할이 상담 및 대화를 통해 서로가 성장하는 것을 목표로 한다는 점을 지속적으로 설명했고, 그 결과 현재 활동가들이 자발적으로 상담을 요청해오고 있다고 한다. 그녀는 자신의 활동이 비정부기구 프로젝트의 효율성 및 효과성을 높이고, 나아가 여성 인권 증진을 위한 활동의 목표를 성취하는 데 크게 기여한다고 믿고 있다.

소반나라는 EGEP를 통해 아시아 여성 활동가들과 네트워킹을 확장하고 많은 배움을 얻어서 캄보디아에 돌아가면 향후 활동을 지속하는 데 큰 도움이 될 것이라고 기대한다. "지속적인 만남을 통해 서로를 지지하고, 이후 함께 활동할 수 있는 기반을 만들 수 있지 않을까요? 생각만으로도 매우 신나는 일이에요"라며 그녀는 밝게 웃는다.

© 아시아여성학센터

나는 아시아 여성
인권 이슈를 알리는
저널리스트입니다

마드후 만주샤
Madhu Manjusha

인도

여성개발연구센터
(Centre for Women's
Development Studies)

연구자/프리랜서 기자

7기 EGEP 수료

마드후 만주샤는 암베드카르대학교 대학원에서 여성학 석사과정을 마치고 '여성개발연구센터'에서 연구자로 활동 중이다. '여성개발연구센터'는 1980년 이래 인도 여성 이슈를 선도적으로 연구하고 있는 연구소인데 그녀는 최근 여성 이슈에 초점을 맞추어 1885년부터 1930년대 발간된 잡지를 분석한 내용을 토대로 석사학위 논문을 제출했다. 사우디아라비아에서 태어나 유년을 보낸 그녀는 "사우디아라비아 사회의 엄격한 성 역할 규범은 어린 시절 저에게 큰 영향을 미쳤어요. 여성으로서 받는 차별에 대해 몸으로 익히며, 그에 대한 문제의식을 키워왔던 것 같아요"라고 회상했다. 이러한 성차별적 문화는 그녀가 이후 인도로 이주했을 때에도 크게 다르지 않았다. 인도 사회 역시 남성이 받는 특혜와 여성이 받는 차별이 문제화되지 않는 문화를 가지고 있었기 때문이다. 이러한 삶의 여정은 여성 기자로서, 여성 학자로서 여성의 인권을 증진하는 데 기여하고자 하는 현재의 목표를 세우는 데 큰 영향을 미쳤다고 했다.

여성학과 대학원에 진학하기 전 기자로 활동했던 시간은 기자라는 직업이 여성 인권 증진에 기여할 수 있는 가능성이 매우 많다는 것을 알게 해준 시간이었다. "예전에 기고자로서 '선데이 가디언(The Sunday Guardian)'에 말레이시아 여성 간호사에 대한 기사를 실었는데, 그 당시 이에 대한 사회적 반향이 크게 일어났어요." 만주샤는 당시 국제 정세의 긴장으로 인해 이라크, 시리아, 리비아 지역에 이주해서 일하고 있는 말레이시아 여성 간호사들이 처한 곤경에 대한 기사를 작성했으며, 이를 통해 아시아 여성 이주 노동자가 처한 착취적 환경과 구조적 취약함에 대한 대중적 관심을 환기시켰다. 이 기사를 통해 그녀는 인도 내에서 여성들의 이주 노동에 대한 관심을 갖게 만들었다고 한다. 이는 기자의 역량에 따라 사회가 어떻게 변화하는지 몸으로 체험할 수 있는 매우 보람된 경험이었다.

만주샤는 EGEP 참가의 경험 또한 여성주의자 기자로서 자신을 계발하는 데 좋은 기회가 될 것이라고 기대감을 밝혔다. "EGEP 참가를 통해 아시아 여성들의 다양한 현실에 대한 이해의 폭을 넓힐 수 있었어요. 아시아 여성 인권에 대한 고민을 소셜 미디어를 통해 대중과 소통하고 싶은 계획을 갖고 있는데 EGEP 참가가 큰 도움이 될 거라고 생각해요."

전쟁 중에 태어나
평화와 인권을 위한
활동가로 성장하다

살마 유서프

Salma Yusuf

스리랑카
유엔개발프로그램(UNDP)
국제 컨설턴트
7기 EGEP 수료

살마 유서프는 유엔개발프로그램(UNDP) 스리랑카 지부에서 국제 컨설턴트로 활동하고 있다. UNDP는 뉴욕에 본부를 두고 있는 UN 산하 국제 개발 네트워크로, 빈곤 해소, HIV/AIDS 예방, 민주적 통치, 에너지와 환경, 사회적 개발, 재난 방지 및 해소 등에 초점을 두고 활동하고 있다. 그녀는 이곳에서 스리랑카 사회의 화해와 사회적 유대, 건강, 교육, 고용, 그리고 정치적 시민 참여를 촉진, 지원하는 업무를 맡고 있다. 또한 스리랑카 정부의 국제 부처 소속 연구소인 '국제관계와 전략 연구를 위한 라카스만 카디르마르 연구소'에서 컨설턴트로 활동하고 있으며, 노텀브리아대학교에서 법학을 가르치고 있다.

살마는 스리랑카에서 전쟁이 터진 해에 태어나 25세가 될 때까지 전쟁과 폭력의 시기를 지나오면서 폭력의 잔혹함에 대해 몸으로 배울 수 있었다고 말한다. 그 과정에서 정의와 평등, 평화가 반드시 성취해야 하는 가치라는 것을 절감했다고 한다. 현재 스리랑카 사회에서 전쟁은 종식되었지만, 사회적 갈등과 긴장은 여전히 해결되지 않은 상태로 남아 있으며 특히 전쟁 이후 사회적 갈등이 첨예한 시기를 지나며 인권 침해는 심각한 수준이 되었다고 살마는 전한다. 그녀는 스리랑카 여성으로서 스리랑카 사회에 평화를 심는 역할을 하고 싶다고 말한다.

살마는 국제 활동가로서도 활발히 활동해 왔는데 2013년 프랑스 외무부 주관 '미래의 리더·세계 리더 프로그램'에 선발되었으며, 2014년에는 미국무성 초청 IVLP에 선발되어 미국 워싱턴 D.C.를 방문했다. 이러한 국제 활동가의 이력은 스리랑카 여성으로서의 그녀의 정체성과 분리되지 않는다고 한다. "유일한 스리랑카 여성으로 여러 국제 프로그램에 참여했다는 점이 자랑스러워요. 그러나 이것은 개인적 성과일 뿐만 아니라, 제 활동의 연장선상에 있는 것이라고 생각해요. 스리랑카의 전쟁 후 여성 인권의 현황에 대해 알리고 여러 국가 출신 참가자들과 토론하는 일들이 모두 중요한 활동이라고 생각하거든요." 이러한 맥락에서 EGEP 역시 아시아·아프리카 여성 활동가들과의 연대를 확대할 수 있을 것이라는 점에 기대가 매우 크다. 스리랑카의 여성 인권 이슈를 함께 나누며, EGEP 동료들의 경험으로부터 많은 것을 배우고 싶다고 말한다.

© 김나연

생리대 지원으로
여성의 재생산건강권
운동에 참여해요

마우린 무쿠타 무텡기

Maurine Mukuta Muthengi

케냐

도네이트 어 패드 이니셔티브
(Donate A Pad Initiative)

창립자

8기 EGEP 수료

마우린 무쿠타 무텡기는 케냐 북쪽 지역의 작은 시골 마을을 방문했을 때 길거리에 방치된 채 혼자 앉아 있는 소녀를 발견하곤 큰 충격을 받았다. 월경에 대한 터부로 인해 월경이 끝날 때까지 가족과 지역 커뮤니티로부터 격리되어 오로지 어머니만이 오가며 소녀에게 음식을 갖다 주는 그 지역의 '풍습'이었다. 이로 인해 마우린은 소녀들의 건강에 대해 관심을 갖게 되었고 '도네이트 어 패드 이니셔티브'를 설립해 지역 공동체의 건강 환경을 개선하고 무료로 생리대를 제공하는 일을 하고 있다.

처음에는 뜻을 같이하는 친구와 자비로 생리대를 구입해 나눠주었다. 그런데 좀 더 들여다보니 월경의 문제는 여성의 재생산건강의 문제이자 교육권의 문제와 직결되어 있었다.

"소녀들에게 생리대를 나눠주고 위생·건강 관련 강좌를 함께 진행하기 시작했어요. 그러나 결혼을 이유로 프로그램을 다 마치지 못하는 것을 지켜보면서 매우 안타까웠어요. 결국에는 생리대를 나눠주고 위생 교육을 시키는 것이 근본적인 해결책이 아니라는 것을 알게 되었습니다."

생리대를 구입할 돈이 없어서 해진 천이나 깃털, 신문지 등을 생리대로 사용하는 경우는 물론, 생리 기간에는 학교를 가지 못하는 학생들도 있었고, 생리대 구입을 위해 성매매를 하는 학생들도 있었다. 이로 인해 자퇴를 하거나 10대에 임신을 하는 경우도 어렵지 않게 볼 수 있었다. 특히 시골 지역일수록 '전통적' 여성상과 맞물려 초경을 하면 결혼을 위해 자퇴하는 학생이 있을 정도로 여성 교육에 대한 인식이 매우 낮다.

마우린는 생리대를 나눠주면서 재생산건강의 중요성을 일깨우기 위해 의료인을 초청해 여학생을 대상으로 위생과 건강 등의 주제로 강연회를 열었다. 더불어 여학생들이 학업을 지속할 수 있도록 격려하고 여성에게 있어 교육이 중요하다는 것을 강조하는 별도의 프로그램을 진행하기 시작했다. 이러한 활동의 하나가 멘토십 프로그램이었다. 여학생과 멘토를 연결해주고, 교육을 통해 더 나은 삶을 꿈꿀 수 있도록 롤모델을 제공하면서 학업을 지속할 수 있는 계기를 만들어주고 있다. 여성 스스로 경제적 자립을 이루고 독립적인 삶을 살 수 있도록 이끌어내는 것이 궁극적으로 소녀들의 역량 강화에 도움이 될 것이라고 믿기 때문이다.

© 김나연

소 녀 들 의

건 강 권 과

교 육 권 을 위 하 여

크리스틴 에밀리 아켈로 오티엔노

Christine Emily Akello Otieno

케냐

토토 아프리카(Toto Afrika)

상임대표

10기 EGEP 수료

크리스틴 에밀리 아켈로 오티엔노는 '토토 아프리카'에서 상임대표를 맡고 있다. 스와힐리어로 아프리카 어린이를 뜻하는 '토토 아프리카'는 케냐에 기반을 둔 비정부단체로, 어린이의 성장을 위해 다양한 기회를 제공하고, 어린이를 둔 가족들이 처한 경제적 어려움을 해결할 수 있도록 지원해주는 것을 주요 활동으로 한다. 구체적으로는 지역 여성들과 소녀들에게 멘토십을 제공하고 교육을 통해 성재생산건강권 증진을 위해 힘쓰고 있다. 최근의 대표적인 사업으로는 공적 자금을 모아 소녀들에게 생리대 및 위생제품을 제공하는 한편 건강, 부모의 역할, 경제적 이슈와 관련된 교육을 함께 제공하는 프로젝트를 진행한 바 있다.

크리스틴은 외할머니와 어머니의 영향 속에서 소녀들의 교육의 중요성과 여성주의적 가치를 배우고 익혔다고 말한다. 가난한 마을의 산파였던 외할머니는 지역 여성들에게 여성의 건강과 아이의 건강에 필요한 정보를 나눠주는 역할을 했으며, 지역 여성들이 처한 문제들, 특히 가정폭력 문제에 적극적으로 개입하고 여성들을 보호하는 역할을 하셨다. 외할머니의 영향을 받아 어머니 역시 소녀들의 교육의 중요성을 지역 사회에 알리는 데 큰 역할을 하셨다. 어머니는 "마구간의 소에게 투자하기보다는 우리의 딸들에게 투자해야 한다"는 말로 지역 사람들의 인식을 바꾸는 노력을 기울였다고 한다.

2015년 뭄바사의 교육 관련 법안 마련을 위한 준비 작업에 참여하면서 크리스틴은 활동가로서 자신의 경력에 대해 더욱 진지하게 생각하게 되었다. 성 평등한 교육 환경을 제공하는 내용의 입법안을 만들고, 이어 청소년보호교정단체의 자문위원으로 초대되어 활동했는데, 그 과정에서 다른 활동가들의 경험으로부터 배우고 그들과 광범위하게 연대하려는 노력의 필요성을 절실하게 느끼게 된 것이다.

EGEP에서 자신과 마찬가지로 교육 문제에 깊은 관심을 가지고 있는 활동가들을 만나 교류할 수 있어서 기쁘다고 말하는 크리스틴. 소녀들의 건강권과 교육권 회복을 위한 길고 어려운 여정을 함께할 든든한 친구들이야말로 EGEP가 준 가장 큰 선물이라고 말한다.

© 김나연

네팔 빈곤 여성들의 건강을 돌보다

산기타 카풍

Sangita Khapung

네팔

네팔기술지원그룹 (Nepali Technical Assistance Group)

영양 전문가

10기 EGEP 수료

산기타 카풍은 '네팔기술지원그룹'에서 영양 전문가로 활동 중이다. 이 단체는 1993년에 설립된 비영리·비정부단체로, 여성과 아동을 포함한 사회 취약 계층의 삶의 질을 향상시키기 위한 비전을 가지고 활동하고 있다. 네팔 전역에 비타민 A 공급 프로젝트를 운영한 것을 시작으로, 다양한 지역에서 영양학적 문제를 해결하기 위한 활동을 펼치고 있다. 산기타는 현재 네팔 서쪽 지역의 50,000여 명에 이르는 빈곤 계층의 영양 불균형 완화를 목표로 건강 증진 프로젝트를 추진하고 있다.

산기타는 그간 네팔의 다양한 단체에서 활동하면서 여성주의적 문제의식을 기르게 되었다고 말한다. 네팔의 많은 여성들은 가족을 보살피는 역할을 하며, 일상적인 차별과 폭력 문제에 노출되어 있는 상황이다. 이러한 조건에서 많은 소녀들이 교육, 보호, 자유, 건강권을 박탈당한 채 살아가고 있다. 예를 들어, 도티(Doti) 지역을 방문했을 때 산기타는 4살가량의 어린 여자아이 10여 명이 돈을 벌기 위해 길거리에 모여 있는 것을 보고 큰 충격을 받았다고 말한다.

또한 그녀는 자연재해가 난 지역에서 활동하면서, 자연재해 시 여성들이 가장 취약한 환경에 내몰린다는 사실을 확인했다. 특히 아기 엄마들이 수유할 장소가 없어 아기에게 쉽게 젖을 먹이지 못하는 곤란한 상황에 처해 있었다. 이에 산기타는 모금을 시작했고 모인 성금으로 결국 수유를 할 수 있는 공간을 마련할 수 있었다. 수유 공간을 제공한 후 많은 임산부들이 고마움을 표했을 때 활동하면서 느낀 어려움을 잊을 만큼 큰 보람을 느꼈다고 말한다.

현재 일하고 있는 네팔 서부 지역은 산기타의 고향과는 매우 다른 곳이다. 심지어 언어나 사람들의 외모도 다른 지역에서 가족과 떨어져 혼자 지내는 생활이 쉽지만은 않다. 그래도 고맙고 사랑하는 존재들을 떠올리며 산기타는 힘을 낸다.

"제게 힘이 되는 존재는 첫째, 부모님입니다. 딸인 저에게도 동등한 교육을 시켜주시고, 석사과정도 지원해주셨어요. 제게 늘 힘이 되어주는 또 한 분은 저의 지도 교수님입니다. 남성 교수님이긴 하지만 저는 그분께 많은 것을 배웠어요. 그리고 마지막으로, 활동하면서 만나는 지역 사람들 모두가 제 활동의 원동력이 되어 줍니다."

상 담 을 통 한

여 성 들 의 심 리 치 료 와

여 성 주 의 실 천

페레라 드 실바 나디샤 비다샤니

Perera de Silva Nadeesha Vidarshani

스리랑카

개발과 사회변혁을 위한 네트워크(STAND)

심리 상담사

7기 EGEP 수료

© 아시아여성학센터

페레라 드 실바 나디샤 비다샤니는 프리랜서 심리 상담사로 활동하고 있다. 그녀는 현재 한 의류 공장의 여성 노동자 상담을 전담하고 있으며 국제 학교에 재학 중인 여학생들의 상담 일을 진행하고 있다. 이외에도 여성주의적 실천을 병행하기 위해 '개발과 사회변혁을 위한 네트워크(STAND)'라는 비정부 여성주의 운동 단체에서 활동 중이다.

비다샤니는 스리랑카의 사회문화적 상황에서 상담 일을 하는 것이 어려움이 많다고 말한다. 특히 상담이라고 하면 여성이나 남성이나 모두 '사사로운 일을 쓸데없이 부풀리는 말하기'라고 생각하는 경향이 커서 상담을 받는 것을 남부끄러운 일이라 생각한다고 했다. 이처럼 상담이 터부시되는 상황임에도 불구하고 그녀는 주변에 상담의 필요성과 중요성에 대해서 거듭 설명한다. "여성들은 학습된 무기력을 가지고 있어요. 어쩔 수 없는 일이라고 생각하고 감내해내려는 경향이 강하죠. 그러나 그렇게 문제를 방치하면 전혀 해결할 수가 없어요." 심리 상담사로서 특히 여성에 대한 폭력과 성희롱 피해자들을 지원하는 것을 중요한 직업적 비전으로 생각하기에 그녀는 여러 어려움에도 불구하고 자신의 활동에 대해 강한 열정을 갖고 있다.

"많은 여성 노동자들이 공장에서의 고된 노동과 가정에서의 가사 노동, 그리고 가정폭력에 시달리고 있어요. 그러나 그녀들은 '학습된 무기력' 상태에 빠져 있는 경우가 많아요. 또한 의류 공장에는 노동자들 스스로 자신을 '상품화'시키는 문화가 형성되고 있죠. 인간으로서, 여성으로서의 정체성이 아니라 생산품, 공장 기계와 같이 자신을 상품화하는 문화가 여성들의 정신 건강을 크게 해치고 있어요." 비다샤니는 이러한 상황에서 개개인과의 상담을 통해 개별 문제들에 접근해 해결하고자 했으며, 다른 한편으로는 사회 변화를 위한 여성주의 실천이 필요하다는 판단 아래 '개발과 사회변혁을 위한 네트워크'에서 활동을 지속해오고 있다. 심리 상담을 향한 그녀의 직업적 소명과 여성주의 활동가로서의 정체성은 EGEP 참가에 대한 기대 속에서도 드러난다. "EGEP에 참여하게 되어 매우 기뻐요. 다른 여성 활동가들과 지도자들을 만나 영감을 얻고 활동의 동력을 얻고자 합니다"라며 그녀는 기대감을 전해왔다.

성폭력 없는 사회를 위한 여성 법조인들의 노력

리투 타파

Ritu Thapa

네팔

토착 여성의 법적 인식 증진을 위한 단체 (Indigenous Women Legal Awareness Group)

프로그램 코디네이터

7기 EGEP 수료

리투 타파는 '토착 여성의 법적 인식 증진을 위한 단체'에서 프로그램 코디네이터로 일하고 있다. 이 단체는 여러 형태의 차별과 폭력에 맞서 여성과 아동을 보호하고 토착 여성의 안녕을 증진하기 위해 2000년에 설립된 비정부기구이다. 리투는 피해 여성과 아동에 대한 법적 서비스를 제공하고 법 교육을 실시하는 일을 맡고 있다. 특히 강간 피해자에게 무료로 법률 서비스를 제공하며, 여성과 아동에 대한 폭력을 근절하기 위해 노력하고 있다.

그녀는 법을 공부하는 과정에서 5개월간 진행되었던 '여성 법조인과 멘토링 교육'에 참여했던 경험이 법에 대한 이해를 심화시킬 수 있는 계기였다고 말한다. "이 교육 과정에 참여하면서 저는 계속 제 자신에게 되물어야 했어요. 과연 법은 여성 인권 증진을 위한 도구가 될 수 있을까? 쉽게 대답할 수가 없었어요." 리투는 이 과정에서 여성들이 문화적으로, 사회적으로 그리고 법적으로 어떻게 주변화되었는지 알 수 있었다고 말한다. 동시에 법이 어떻게 개입할 수 있으며, 어떻게 구체적인 변화를 이끌어 내는 수단이 될 수 있는지에 대한 확신 또한 얻게 되었다고 한다. 이 경험을 통해 여성주의 법조인/활동가로서 현재 피해 여성들을 법적으로 지원하는 일을 하게 되었다.

그녀는 최근 네팔에서 일어나고 있는 강간 사건들에 대한 법 인식 변화에 대해 설명하면서 이전에는 강간으로 성립되지 않았던 사례들, 특히 미성년자, 지능 장애자에 대한 성폭력 피해, 친부의 성폭력에 의한 피해 사례들이 강간으로 법적 인정을 받기 시작한 것에 대해 관심이 크다고 했다. "아직도 많은 강간 사례들이 의료적 증거 미흡을 핑계로 강간죄가 성립되지 않거나, 많은 피해자들이 자신의 법적 권리를 모르는 상황에서 법적 도움을 받지 못하고 있는 점들은 개선이 필요해요." 그러나 리투는 현재 이루어지고 있는 변화가 매우 고무적이며, 변화의 시작은 더 큰 변화를 만들어낼 것이라고 믿고 있다. 법과 여성 인권에 대한 그녀의 관심은 EGEP 참가 동기에서도 잘 드러난다. "여성들을 위한 법률 서비스를 제공하는 일에 오래 종사했던 경험이 네팔 사회의 구조적 문제에 대한 인식을 높여주었어요. 이에 더해 다른 국가의 현황과 이슈에 대해 EGEP에서 더 많이 배울 수 있기를 기대합니다. 특히 젠더폭력 이슈에 대한 국제적 감각을 키울 수 있으면 좋겠어요."

분쟁 지역

소수민족 여성들의 삶

쿠 데모나

Khoo Demona

미얀마

성 평등 네트워크
(Gender Equality Network)

미디어 분석 담당자

7기 EGEP 수료

© 아시아여성학센터

쿠 데모나는 '성 평등 네트워크'에서 미디어 분석 담당자로 활동하고 있다. '성 평등 네트워크'는 미얀마 여성의 권리 증진과 성 평등을 위해 2008년에 설립된 비정부기구로, 2008년 미얀마를 강타했던 사이클론에 대응하면서 재난과 젠더 이슈를 적극적으로 제기했던 단체로 명성이 높다. 자연재해는 흔히 젠더 문제와 상관이 없다고 인식되지만, 실제로 재난 발생 과정과 이후 대응 과정에서 여성과 아동은 가장 큰 피해자가 되곤 한다. 쿠는 '성 평등 네트워크'에서 미디어 분석을 주 업무로 하고 있는데, 구체적으로는 여성 리더십과 젠더폭력 이슈에 대한 미얀마의 인쇄 매체 분석을 진행한다.

미얀마는 지난 65년간 지속된 시민전쟁으로 아직도 상흔이 남아 있다. 그녀는 사회적 폭력과 상처에 관심이 많은데 특히 여성과 아이들의 피해 경험이 비가시화되고 있다는 사실을 지적한다. 여성과 아이들이 경험한 피해, 그중에서도 소수민족 커뮤니티에서 살고 있는 여성과 아이들의 피해는 다른 어느 집단보다 심각하지만 거의 드러나 있지 않다. 쿠 역시 소수민족 여성으로 살아왔기 때문에 이들의 목소리를 드러내는 작업의 필요성을 깊이 느끼고 있다고 했다.

쿠는 현재 '성 평등 네트워크'에서의 미디어 분석 활동에 큰 보람을 느낀다고 말하며 최근 『여성들의 대화』라는 책을 기획하고 출판한 것을 매우 의미 있는 작업으로 꼽는다. 그녀는 미디어 활용의 중요성을 설명하면서 다음과 같이 말했다. "2013년에 미얀마 공중파 텔레비전 프로그램과 협업해 'To better half'라는 애니메이션을 제작했던 것이 아주 좋은 반향을 일으켰어요. 이 사례는 미디어가 가지고 있는 영향력을 잘 보여줍니다." 쿠의 설명에 의하면 10일간 방영되었던 이 영상은 대중적으로 성평등 의식을 고취시키는 데 큰 영향을 끼쳤다. 일부 남성들은 이 애니메이션을 통해 여성 운동에 대한 긍정적인 관심을 갖게 되었다고도 했다. 그녀는 EGEP에 참여해 소수민족 여성, 지역 여성의 리더십 발전에 대한 아이디어를 얻고 네트워크를 구축하고 싶다며 포부를 밝혔다.

피해 여성 심리치료로

지역 사회의 변화를

만듭니다

사이콰 아크바

Saiqa Akbar

파키스탄

페이만 알룸니 트러스트
(Paiman Alumni Trust)

심리치료 전문가

7기 EGEP 수료

© 아시아여성학센터

사이콰 아크바는 파키스탄의 '페이만 알룸니 트러스트'에서 심리치료 전문가로 활동 중이다. 파키스탄 수도에 위치한 비정부기구인 '페이만 알룸니 트러스트'는 2004년에 설립되어 현재 975명의 회원을 가지고 있다. 이 단체는 여성 활동가, 교육자, 연구자의 네트워크로서 파키스탄에서 가장 큰 규모를 가지고 있으며, 주로 리더십 교육 및 연구 사업, 성 주류화, 교육 이슈 등을 다루고 있다. 사이콰는 심리치료 전문가로서 성별에 기반을 둔 폭력의 피해자들을 상담하고 있으며, 이러한 폭력을 근절하기 위해 10대 여성 교육, 마을·지역 커뮤니티 대상 캠페인 등을 수행하고 있다.

그녀가 거주하고 있는 파키스탄의 카이버 푹흐툰 크와(Khyber Pukhtoon Kwha) 지역은 특히 남성 중심적 사고와 문화가 강하게 남아 있는 곳이다. '명예'라는 이름으로 여성 살해가 이루어지고 있으며, 가정과 마을 공동체에서는 여성과 여아에 대한 폭력이 만연한 상황이다. 여성주의자이면서 임상 심리학자인 사이콰는 이러한 폭력의 피해자들이 심리적 건강을 되찾도록 지원하고, 이후 생존자들의 삶의 재건을 돕는 데 노력을 기울이고 있다.

사이콰는 최근 심리치료가 필요한 여성들과 여아들을 위한 클리닉을 세웠는데, 이것이 지역 사회의 작은 변화를 만드는 물꼬가 될 것으로 기대하고 있다. 이 클리닉은 다른 비정부기구들과의 협업 속에서 폭력 피해자들을 소개받고 있으며, 피해자들이 심리적 건강을 되찾도록 지원하는 것을 일차적 목표로 한다. 피해자 개인의 건강 회복은 근본적으로 지역 사회의 구조적 변화와 연결되어야 실현 가능하다고 믿기에 클리닉과 별도로 여성 친화적 공간을 구축하기 위한 프로젝트를 진행 중이다. 지역의 각 가구를 직접 방문해 지역 차원에서의 여성 친화적 공간의 필요성에 대해 캠페인을 펼침으로써 사회 구조적 변화를 이끌어내기 위해 노력하고 있다.

그녀는 EGEP 참여의 의미를 자신의 활동 역량 강화에서 찾으며 다음과 같이 설명한다. "EGEP를 통해 다른 여성주의 활동가들과 교류하면서 생각을 풍성하게 할 수 있을 것 같아요. 특히 여성폭력 근절을 위한 아이디어를 얻고 싶어요. 파키스탄에 돌아가면 그것들을 실천해가는 시간을 가질 계획입니다."

성폭력은 전 세계적 이슈입니다

김하나
Kim Hana

한국

센트럴유러피안대학교
(Central European University)

대학원생

10기 EGEP 수료

© 김나연

김하나는 한국여성민우회 성폭력상담소에서 상근자로 일한 경험을 가지고 있으며, 현재는 헝가리에 소재한 센트럴유러피안대학교에서 사회인류학 대학원 과정에 재학 중이다. 하나가 근무했던 한국여성민우회 성폭력상담소는 1995년에 설립되었으며, 성적 자기결정권이 실현되는 사회를 만들기 위한 활동을 펼치는 단체이다. 성폭력 피해자/생존자에게 심리적·의료적 상담과 법적 지원을 제공하며, 이외에도 10대를 대상으로 성교육을 하고, 성폭력에 대한 사회적 인식을 바꾸기 위한 캠페인을 펼치고 있다. 하나는 이 단체의 상근 활동가로서 성폭력 피해자/생존자를 지원하는 전반의 업무를 수행했다.

하나는 대학에 진학한 후 여성주의 세미나 그룹에 참여하면서 여성주의와 접하게 되었다고 한다. 이를 계기로 여성에 대한 사회적 편견과 차별, 폭력이 만연함을 새롭게 인식하게 되었으며, 이후 여학생회에 참여하게 되었다. 여학생회에서 다양한 행사를 기획·운영하면서 많은 여성주의자 친구들을 만나게 되었으며, 졸업 후 자연스럽게 여성운동단체에서 성폭력 근절을 위한 활동을 하게 되었다.

그녀는 한국여성민우회 성폭력상담소 활동 중에서 2011년에 진행한 성폭력 상담일지 분석 작업을 가장 의미 있었던 활동으로 꼽는다. 총 5,785건에 이르는 지난 5년간의 성폭력 상담일지 분석 작업을 통해 성폭력 패턴과 원인, 그리고 미래 반성폭력 운동의 어젠다를 도출해낼 수 있었다. 2013년에 20대의 성적 소통 방식에 대한 연구 프로젝트를 진행한 것 역시 보람 있는 활동이었다. 이는 9개월에 걸쳐 진행된 질적 연구 프로젝트로, 일상 속에서 평등한 성적 관계를 만들어낼 수 있는 방법에 대한 제안을 담고 있다.

그녀는 성폭력 이슈가 초국가적 현상인 동시에 지역적 특수성에 기초한 다양한 형태와 패턴으로 드러나는 사회 문제라고 본다. 그 보편성과 특수성을 동시에 고민해야만 이 거대한 문제 해결의 실마리를 잡을 수 있다. EGEP에서 하나는 성폭력 이슈의 본질과 그 보편과 특수의 연결 지점을 함께 고민할 수 있는 친구들을 만났다. 아시아와 아프리카에서 반성폭력 운동을 하고 있는 여성주의자들을 만나 많은 이야기를 나누고 위로도 받고 새로운 아이디어도 얻게 된 이 기회에 감사한다고 그녀는 말한다.

관습이라는 이름의

폭력과 차별에

저항하다

카르마 초든

Karma Chhoden

부탄

리뉴(Respect, Educate, Nurture and Empower Women, RENEW)

선임 카운슬러

8기 EGEP 수료

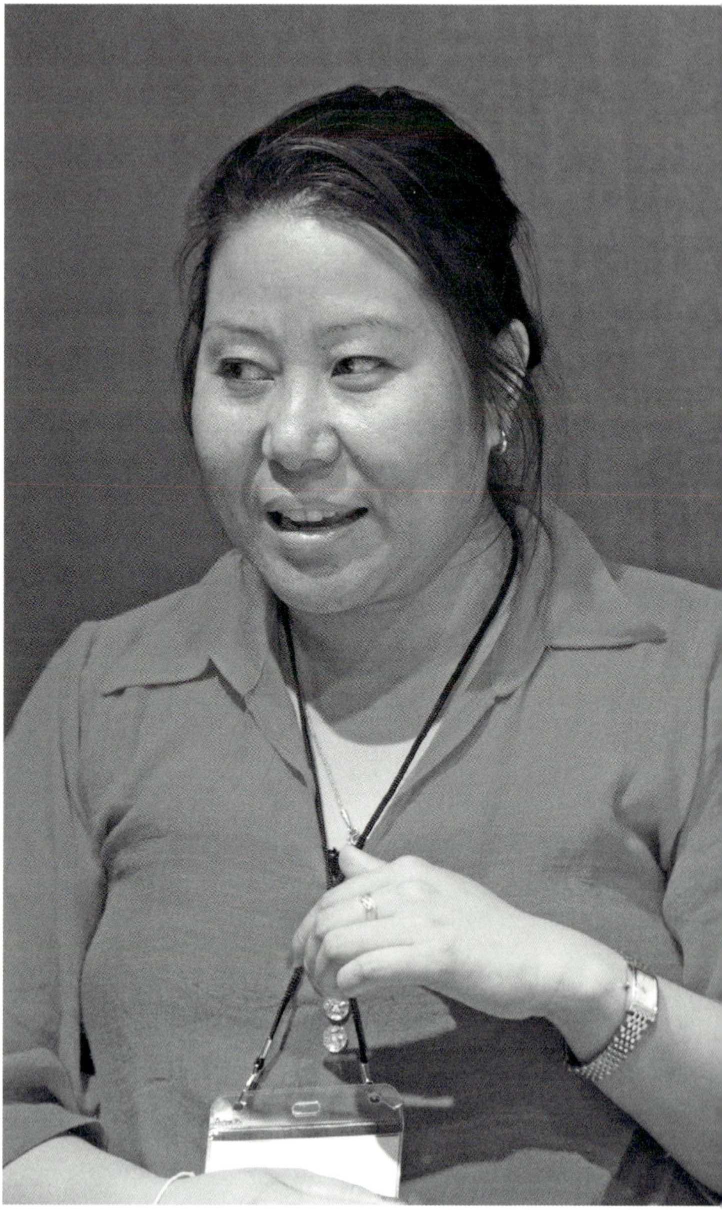

© 김나연

카르마 초든이 활동하고 있는 '리뉴(RENEW)'는 취약 계층 여성과 소녀를 지원하는데 특히 폭력 피해 여성들에게 상담과 쉼터를 제공하는 일을 주로 한다. 그녀는 이곳에서 2006년부터 활동하면서 가정폭력 피해 여성들을 상담하고 쉼터 프로그램을 총괄하는 업무를 담당하고 있다. 최근에는 가정폭력 피해 여성의 경제적 역량 강화를 위한 프로그램을 개발하기 위해 많은 노력을 기울이고 있다.

카르마는 부탄 동쪽 지역의 소수민족 중 하나인 샤촙(Sharchop) 공동체에서 태어났다. 부모님은 딸이라는 이유로 차별하지 않았지만, 아들을 낳지 못한다는 이유만으로 어머니가 겪어야만 했던 가시적·비가시적 비난, 여성이라는 이유만으로 학업을 중단해야 했던 동급생들을 보면서 부탄 여성이 겪는 차별과 어려움에 대해 깊이 체감하게 되었으며 점차 여성 인권 활동가로서 자신의 삶에 대한 비전을 갖게 되었다. 특히 부탄 여성으로는 드물게 고등교육을 받고 석사학위까지 취득한 카르마는 여성 인권 향상을 위한 강한 소명의식을 갖고 있다.

카르마는 NGO에서 활동한다는 것은 다양한 역할을 수행하는 기회를 갖는 것이자 책임을 지는 것이라 생각한다. 그녀의 공식 직함은 카운슬러이지만 때에 따라 다양한 역할을 담당하고 있다. 다양한 역할 중에서도 그녀가 가장 중요하게 생각하는 일은 젠더 기반 폭력, 가정폭력 피해 여성을 대상으로 상담을 진행해 폭력의 트라우마를 극복할 수 있도록 하고, 생계 지원 프로그램과 연계해서 경제적 자활을 이룰 수 있도록 돕는 것이다.

카르마는 수많은 가정폭력 피해 여성들을 직접 만나고 피해 여성의 부모와 커뮤니티가 이들을 대하는 태도를 보면서, 젠더 고정관념이 '문화', '관습'이라는 이름으로 지속되고 있음을 목도했다. 그녀는 만약 문화 혹은 관습이 대중에게 해를 끼친다면, 이는 보존해야 하는 것이 아니라 타파하기 위해 노력해야 할 대상이라고 강력하게 주장한다. 그리고 이러한 문화적 관습이 개인은 물론 커뮤니티 전체의 성장에도 해를 끼치고 있다고 역설한다. 그녀는 조만간 여성에 대한 폭력과 문화의 상관관계에 대한 연구 조사를 시작할 계획이다.

© 김나연

여성은 교육이 불필요하다는 편견에 맞서야 합니다

에스더 키아 흘레

Esther Khia Hle

미얀마

미얀마신학대학교 (Myanmar Institute of Theology)

연구 강사

8기 EGEP 수료

에스더 키아 흘은 미얀마 라우뚜(Lautu) 부족 출신이다. 여성 교육에 대한 부정적 인식이 강했던 고향 마을의 분위기 때문에 배움의 길이 쉽지만은 않았다고 한다. 여성은 독립적인 존재가 아니며 결혼한 후에는 남편과 가족에게 소속되는 존재이기 때문에 여아에게 교육을 시키는 것은 시간적, 경제적 낭비라는 말을 들을 때마다 매우 슬펐다고 회고한다. 하지만 학업에 최선을 다해 언젠가는 다시 고향 마을로 돌아가서 이웃들의 생각이 틀렸음을 증명할 것이라고 다짐하곤 했다.

"배움에 대한 열망이 강했던 저로서는 여성이 처한 현실과 제가 원하는 삶의 목표가 상충하는 것을 느끼면서, 여성의 삶의 조건에 대해 비판적인 인식을 가지게 되었던 것 같아요."

에스더는 어린 시절 여성이라는 이유만으로 지지받지 못했던 교육에 대한 열망과 자신을 향한 부정적 시선이 결과적으로 여성주의의 씨앗을 자신 안에 심게 된 동기가 되었다고 말한다. 그녀는 자신이 남성 중심적이고 가난한 가정에서 성장했지만 다행히 길을 찾았고 꿈을 향한 여정에 있다고 자신 있게 말한다. 그리고 자신의 경험을 토대로, 특히 농촌 지역 여성들이 꿈을 향한 여정을 찾을 수 있도록 도와줌으로써 자신이 받은 것을 다른 여성들에게 돌려주고 싶다는 바람을 갖고 있다.

"성 평등이라는 단어를 평생 한 번도 접해본 적 없는 지역 주민들을 대상으로 강의를 한다는 것은 굉장히 의미 있는 일이었어요. 강의를 통해 여성에 대한 인식을 바꿀 수 있다는 것, 나의 작은 실천이 현실의 변화를 이끌어낼 수 있다는 것을 경험할 수 있었던 시간이었어요."

현재 목사이기도 한 에스더는 여성 인권에 대한 인식을 고양하기 위해 다방면으로 활동 중이다. 최근에는 출신 부족 교회에서 처음으로 성 평등 관련 강의를 하기도 했다. 지역에서의 여성에 대한 문화적 편견에 대해 익히 알고 있었기 때문에 지역 주민들을 대상으로 한 자신의 성 평등 강의가 갖는 의미가 매우 컸다고 설명한다. 자신이 지역 주민들을 대상으로 강의를 함으로써 딸에게는 교육이 필요하지 않다는 지역적 관습에 작은 균열을 낼 수 있었던 것에 뿌듯함을 느낀다는 그녀는 앞으로도 새로운 변화를 이끌어내기 위해 계속 전진할 것이다.

© 김나연

법적인 보호 밖에 있는 여성들

토코자니 모요

Thokozani Moyo

짐바브웨

짐바브웨 여성 변호사 협회 (Zimbabwe Women Lawyers Association)

법률 지원 담당자

9기 EGEP 수료

'짐바브웨 여성 변호사 협회'는 다양한 분야의 여성 변호사들로 구성된 비영리단체이다. 여성과 아동에게 무료 법적 서비스를 제공함으로써, 부정의와 불평등의 문제를 법 제도 안에서 해소하고자 노력을 기울이고 있다. 또한 여성의 권리 증진을 위해 법 교육을 제공하며, 정책과 법안 마련을 위한 전략과 로비를 진행한다. 이 단체에서 토코자니 모요는 각종 법률 관련 업무를 진행하며, 여성과 아동들을 지원하는 법적 조언, 법률 소장 초안 마련 등의 역할을 한다. 가장 중요하게는 대중을 대상으로 법 관련 전문 용어들을 더 쉽게 이해할 수 있게끔 바꿔서 교육을 하고 있고, 이를 통해 더 많은 사람들이 법적 보호를 받을 수 있도록 돕고 있다.

토코자니가 법의 언어에서 여성이 배제되어 있음을 실감하게 된 것은 대학교 2학년 차에 나갔던 법원 현장실습을 통해서였다. 그 당시 법정에 출두했던 많은 여성들이 처한 어려움과 곤경은 간단한 청원으로 해소될 수 있는 것들이었음에도 불구하고, 그녀들이 적절한 법적 언어를 구사하지 못하고 적절한 서류를 준비하지 못했다는 이유로 빈손으로 되돌아가는 것을 보았기 때문이다. 이를 통해 그녀는 여성들에게 적절한 법적 서비스를 제공하는 일이 공정한 법을 만드는 일만큼이나 중요하다는 것을 체험할 수 있었다.

현재 토코자니는 일주일에 한 번씩 시골이나 교외 지역에 가서 무료로 법률 서비스를 제공하는 일을 하고 있다. 이들 지역에 사는 여성들은 대부분 경제적으로 매우 취약해 도시에 나와 법 자문을 구할 수가 없기 때문이다. 무료 법 자문을 제공하는 일은 실질적으로 많은 여성의 삶의 문제를 해결하는 데 큰 도움이 된다는 점에서 그녀에게는 매우 보람된 일이다. 예를 들어, 50대의 한 여성은 남편과 25년간의 결혼생활을 했지만 재산권을 행사할 수 없는 상황이었으며, 이를 이용해 남편은 다른 여성과 결혼생활을 유지하면서 재산을 탕진하고 있었다. 이에 대해 법적 청원을 신청해 유동 재산에 대한 아내의 재산권을 인정하는 법 판결을 이끌어냈던 사례가 토코자니에게 큰 직업적 보람이 되었다고 말한다. 그녀는 앞으로 단체 활동을 안정적으로 지속할 수 있는 방안에 대해 EGEP에 모인 활동가들과 함께 고민하고 싶다고 밝혔다.

원 주 민 여 성 들 에 대 한

폭 력 을 고 발 하 다

트리미타 차크마

Trimita Chakma

방글라데시

여성, 법, 개발에 관한 아시아태평양 포럼 (Asia Pacific Forum on Women, Law and Development)

연구 및 출판 담당자

9기 EGEP 수료

© 김나연

'여성, 법, 개발에 관한 아시아태평양 포럼'은 아시아 태평양 지역 26개 국가의 원주민 및 이주 여성 인권 관련 단체에서 활동 중인 180여 명의 회원들로 이루어진 국제 NGO이다. 여성의 능력 개발, 이를 위한 연구, 캠페인 등을 통해서 여성의 인권 증진을 위해 활동하고 있으며, 토지권, 식량 주권, 환경, 기후 변화, 이주 여성 노동자 권리, 노동 인권, 무역, 금융, 정치 등의 다양한 영역에 관심을 갖고 있다. 이 단체에서 연구 및 출판 담당자로 활동하고 있는 트리미타 차크마는 참여적 여성주의 교육 프로젝트를 진행하고 있다. 그간 본인이 여러 워크숍에 참여했던 경험을 토대로, 참여자 중심의 프로그램을 만드는 일에 큰 보람을 느낀다고 말한다. 현재 교육 프로그램의 구체적 내용들이 만들어진 상태이며 이후 이 내용들을 인터넷에서 더 많은 여성들과 공유하기 위한 계획을 마련하고 있다.

"저는 차크마라는 원주민 출신이에요. 차크마는 제 성이기도 해요. 사실 왕족을 제외하고는 대부분의 성이 이런 방식으로 붙여졌어요. 차크마 사람들은 차크마라는 언어를 사용하고 차크마 음식을 먹고 차크마 전통 옷을 입어요."

트리미타가 여성주의 이슈에 관심을 가지게 된 것은 본인이 태어나고 자란 지역의 특수성과 깊은 관련이 있다. 방글라데시의 치타공 산악 지역은 11개의 원주민 커뮤니티가 있는 곳으로 정치적 긴장 상태가 만연하고 인권 침해 사례가 빈번한 지역이다. 이러한 지역에서 성장한 그녀는 어려서부터 원주민에 대한 폭력과 차별에 대한 인식을 가지게 되었으며, 11살 소녀의 강간 살해 사건과 마주하면서 여성 운동 활동가의 길을 걷게 되었다. 트리미타는 이 사건이 촉발한 원주민 여성들에 대한 폭력을 문제화했으며, 사건과 관련된 연구 모임을 제안했다.

이후 트리미타는 치타공 산악 지역뿐 아니라 방글라데시 다른 지역의 원주민 여성 피해 사례들을 수집해 방글라데시 사회에 만연한 여성폭력 이슈를 제기했다. 그녀의 활동은 다양한 시민 사회의 관심을 이끌어냈고, 방글라데시 여성의 지위 관련 정부 부처의 정책 마련에도 영향을 미쳤다. 이러한 꾸준한 관심과 노력, 그리고 작은 성공들이 모여 세상은 변화하게 된다고 트리미타는 믿고 있다.

© 김나연

혁 명 의 열 매 에 서

여 성 의 몫 은 ?

레합 아여 파라 살람 알살가비

Rehab Yahya Fara Sallam Alshargabi

예맨

개발을 위한 비전 (Vision for Development)

프로젝트 매니저

10기 EGEP 수료

레합 아여 파라 살람 알살가비는 '개발을 위한 비전'에서 프로젝트 매니저로 활동 중이다. 예멘 젊은이들의 능력 함양을 목표로 하는 이 단체는 교육, 경제, 사회, 그리고 정치적 영역에서 젊은 세대들의 참여와 기여를 증진시킴으로써 젊은 세대가 미래의 주체 세력으로 성장하는 것을 도모하고 있다. 레합은 인권, 역량 강화, 교육, 건강, 그리고 삶의 질이라는 5가지 비전하에 프로젝트를 기획·운영하는 업무를 맡고 있다. 구체적으로는 연대 단체와의 협업, 프로젝트의 예산 운영 및 모니터링과 평가 등의 역할을 수행하고 있다. 활동가로서의 레합의 경력은 그리 오래되지 않았다. 사실 2010년까지 그녀는 그저 평범한 치의대생이었다. 치대를 졸업하고 치과의가 되고 나서야 그녀는 기층 사람들의 삶에 눈을 뜨게 되었고 그것이 활동가로서의 삶을 시작하게 된 계기였다.

"어둠 속에 있다가 사회로 발을 디딘 느낌이었죠. 치과의사 일 역시 좋은 일이지만 진정한 사회의 모습을 보고 기층으로 다가가는 것과는 같지 않았어요. 전 매우 충격을 받았는데 왜냐하면 예멘이 가난하다고는 생각했지만 사람들이 그 정도로 가난하게 살고 있는지 몰랐기 때문이에요. 의과대학 시절 보건 활동을 할 때 특히 마을들을 중심으로 돌았는데, 그때 취약한 사람들이 대부분 여성이고 아이들이라는 것을 알게 되었어요. 남자, 여자, 아이 할 것 없이 먹을 것을 찾아 헤맸고, 모두가 거대한 고통의 순환 속에 있는 느낌이었어요. 그걸 보고 전 국제 기부금을 위해 제안서를 쓰기 시작했어요."

가난을 극복하기 위한 그녀의 활동은 처음부터 여성주의 문제의식을 포함하고 있었고 이러한 의식은 점점 더 강해졌다. 여성의 교육권이 박탈당하고 정치·사회 공간에서 여성의 목소리가 크게 제한된 상황에서 레합은 성 평등이 사회 발전을 위한 필수 조건이라고 생각하게 되었다. 2011년에 일어났던 예멘 혁명을 보더라도, 그 과정에 많은 여성들이 참여했으나 혁명 이후 여성들의 공적 영역 진출은 다시금 저지당하는 안타까운 상황이 반복되었다. 그녀는 사회 엘리트들이 장악하고 있는 정치 문화를 바꾸기 위해 더 많은 여성 운동가들의 개입이 필요한 상황이라고 역설한다. 더 이상 여성이 사회 발전과 혁명의 성과에서 배제되거나 배신당하는 일이 없으려면 여성들의 자각과 연대가 필요하다고 믿기 때문이다.

© 김나연

아픔도 극복하면 자산이 된다

트란 티 트라 미

Tran Thi Tra My

베트남

하가 인터내셔널 베트남 사무소
(Hagar International in Vietnam)

사건 관리 담당자

10기 EGEP 수료

트란 티 트라 미는 '하가 인터내셔널 베트남 사무소'에서 사건 관리 담당자로 일하고 있다. 이 단체는 인신매매, 가정폭력, 성폭력 피해 생존자들의 회복과 사회 복귀를 위한 활동을 펼치고 있다. 피해 생존자들에게 예술치료, 사례 관리 및 경제적 지원을 제공하는 것을 목표로 하며, 2009년 설립 이후 250여 명의 여성과 어린이들을 지원해왔다. 트라 미는 개별 사례를 분석, 평가해 피해 생존자들이 필요로 하는 지원을 제공하는 업무를 맡고 있다. 특히 피해 생존자들과 긴밀한 관계를 맺으며 그들의 관점에서 필요한 지원을 파악하기 위해 노력한다.

폭력 피해 여성들과 아동들의 권리를 위해 활동하게 된 데는 어머니의 영향이 가장 컸다. 어머니는 아버지와의 결혼생활에서 숱한 폭력에 시달려왔다. 트라 미는 폭력에 대한 공포감과 아무것도 할 수 없는 무력감에 고통스러운 어린 시절을 보냈지만, 어머니의 희생과 인내, 사랑의 힘으로 이겨낼 수 있었다고 말한다. 대학에 들어간 후에 그녀는 자신이 무언가에 집중하는 데 어려움을 느끼는 것이 어린 시절 경험한 공포와 무력감과 연관이 있다는 것을 알게 되었다.

"지금 이 상황이 계속되다가는 어머니가 자살하기 전에 제가 죽을 것 같았어요. 상담이나 테라피보다는 트라우마에 대해 공부하기 시작했어요. 이런 과정을 통해 제가 의식적으로 선택한 것은 아니지만 자연스럽게 사회복지 분야에서 일하게 된 거예요."

활동가로서 일한 지 얼마 되지 않아 그녀는 아픈 과거에 머물러 있지 않고 새로운 삶을 살고자 노력했던 개인적 경험이 폭력에 신음하는 여성들과 어린이들을 돕는 데 큰 도움이 된다는 사실을 깨달았다. 트라 미는 자신의 어머니를 비롯해 다른 피해 여성들이 모두 생존자로서 살아갈 수 있도록 돕는 일을 하는 데 보람을 느끼고 있다.

그녀는 2015년 미국 워싱턴 D.C.에서 열린 '글로벌 관리직 여성' 워크숍에 참가할 기회를 가졌다. 리더십에 대한 강의를 들으며 진정으로 가치 있는 리더십은 공동체의 모든 멤버들이 수평적인 관계 속에 있을 때 발현된다는 확신을 가지게 되었다. 앞으로 여성주의와 리더십이 결합하게 되면 어떤 시너지 효과가 발생하는지 더 알아가고 싶다고 한다.

© 김나연

대중의 눈높이에서 반성폭력 운동 이어가기

최지나

Choe Jina

한국

한국성폭력상담소
(Korea Sexual Violence
Relief Center)

사무국장

6기 EGEP 수료

최지나는 '한국성폭력상담소'의 사무국장으로 일하고 있는 반성폭력 운동 활동가이다. '한국성폭력상담소'는 성폭력으로부터 자유로운 사회를 만들기 위해 1991년에 설립된 비정부단체로 수많은 성폭력 피해자들을 상담하고 법적, 제도적 지원을 하고 있다. "저는 대중들과 정부에 공통된 의제와 의견 표명을 끌어낼 수 있는 연결 그룹을 만나고 있어요. 즉, 제 일은 이슈를 이해하고, 액션을 취하고, 여러 각도에서 성폭력을 고찰하고, 특정한 입장을 내놓는 거예요. 이 일에 제 모든 능력을 쓰고 있어요."

그녀는 반성폭력 운동이 단지 당위성만 강조하는 게 아니라 대중의 눈높이에서 대중을 설득하고 문화를 변화시켜나가야 한다고 강조한다. "사람들은 성폭력이 일어나게 되는 성문화의 문제를 드러내는 것에 대해 불편하게 느껴요. 그래서 우리 단체는 '젠더 감수성 교육'이라는 교육 프로그램을 만들었고, 제가 책임을 맡고 있어요. 이 프로젝트를 통해 다양한 사람들의 눈높이에서 성폭력과 여성 운동 이슈에 대한 이해를 돕는 아이디어를 얻게 되었지요."

그녀는 어떻게 여성주의자로서 여성단체 활동가가 되었느냐는 질문에 이렇게 답했다. "성장 과정에서 만난 제 주변의 여성들은 일반적인 여성들과는 좀 다른 삶을 살았어요. 자연스럽게 저는 소위 '평범한 삶', 사회의 '정상성'이라는 것에 의문을 가지게 되었지요. 저는 제가 특별하고 대단한 페미니스트라고 생각하지는 않지만, 이러한 의문이 저를 여성 활동가로 만들었다고 생각해요."

대학교를 다니면서 여성신문사에서 자원 활동을 했고, 대학 졸업 후에는 한 NGO 단체에서 아시아 결혼 이주 여성들을 위한 야학에 참여하기도 했다. 이후 여성학 석사과정을 마치고 '한국성폭력상담소'에서 활동을 해왔다. 활동가로서 그녀의 고민은 '여성주의자로서 다른 생각을 가진 사람들과 의사소통하고 함께 살아가는 것'이다.

그녀는 "법과 제도는 그동안 많은 변화가 있었지만, 실제 삶은 충분히 바뀌지 않았어요. 그래서 저는 대중의 눈높이에서 성폭력 이슈를 이해하고 이를 확산시키는 것에 관심을 가지고 있어요. 가능한 한 많은 사람들과 이 이슈를 공유하고 싶어요"라고 말한다. 그것이 제도화를 넘어 실제 우리의 삶을 변화시켜가는 과정이라고 믿기 때문이다.

© 김나연

몸에 대한

자기결정권은

여성주의 정치학입니다

아나 에페파니아 퀴에로 에스코버

Ana Epefania Quero Escober

필리핀

유피에콘 건강 정책 개발 프로그램
(UPecon-Health Policy Development Program)

기술 지원 평가자

9기 EGEP 수료

아나 에페파니아 퀴에로 에스코버가 일하고 있는 '유피에콘 건강 정책 개발 프로그램'은 국제 개발을 위한 유엔의 지원을 받아 여성의 건강권 실현을 위해 건강 정보와 서비스를 제공하고 있다. 구체적으로 가족계획, 산모 및 아동 건강, 결핵, HIV/AIDS 문제를 해결하기 위한 정책을 개발하고 빈곤 여성의 재생산건강권을 위한 경제적 지원을 하고 있다. 여기서 아나는 가족계획을 비롯해, 산모, 신생아 및 아동의 건강을 증진하고, 영양 상태를 양호하게 하며, 결핵을 비롯한 각종 질병으로부터 보호하기 위한 프로젝트를 진행하고 평가하는 업무를 맡고 있다.

그녀는 최근 필리핀에서 통과된 재생산 관련 법안에 문제를 제기했다. 필리핀 헌법재판소에서는 결혼한 부부가 상대방의 동의 없이 독자적으로 피임할 수 있도록 하는 개정안을 폐기했는데 그 결과 현재의 법안에 따라 부부는 상호의 동의하에서만 피임기구를 사용할 수 있다. 법안이 여성과 남성을 따로 명시하며 피임의 의사결정권을 주장한 것은 아니지만 실질적으로 이 법안은 여성이 자신의 몸에 대해 가져야 할 자율성을 훼손하고 있다. 아나는 여성이 자신의 몸에 대해 자율성을 가질 수 있도록 실질적 도움과 제도적 변화를 모색하는 것이 여성주의 정치학의 중요한 이슈라고 설명한다.

이러한 맥락에서 아나는 최근 필리핀 퀘존 시티에서 6개월에 걸쳐 진행한 프로젝트가 갖는 의미가 크다고 말한다. 그녀는 정부단체와 지역 관련 단체들과의 협업을 통해 지역 여성의 재생산건강권에 관한 연구를 진행했으며, 이를 바탕으로 새로운 프로젝트를 추진했다. 이 과정에서 많은 여성들이 재생산건강권과 관련해 정부의 지원을 받을 수 있다는 사실을 알지 못하고 있었으며 비용과 정보 부족으로 적절한 피임기구를 사용하지 못하고 있었다는 사실이 드러났다. 이 프로젝트로 약 50여 가구가 재생산건강권과 관련된 의료, 재정 지원을 받았으며, 이는 피임기구 사용과 병원 출산의 문화가 점차 확대되는 데 크게 기여했다.

아나는 EGEP에서 아시아와 아프리카 지역에서 활동하는 여성 활동가들을 만나 여성주의 활동가로서의 비전을 함께 나누고 서로의 역량을 강화할 수 있게 되기를 바란다고 밝혔다.

리디아 코무항이

에카 스리물랴니

강치멕 얀즈마

리디아 만지아 크파나

루와니 레누카 사루와 리야나제

세미야 엘라우드

탄 소반티다

앤 수잔 반다나 조셉

안사리 오사마 아얏

앗빈 타헤라

솔나라 아크탈

나르게스 코람샤히

로트바티 소반

타레파 사비르 이스마힐

도아 아티야 알타라티니

자히드 굴산

모니카 한젬밤

라우리스 크리스텔 에보토 콘고 아 보울

사브리나 슈미

인 인 민

나탈리 로비 팅고

누어 막수랏

2장

분노에서 여성주의 리더십으로

내부로부터

변화의 움직임을

이끌어내기

리디아 코무항이

Lydia Komuhangi

우간다

발전을 위한 젠더평등과 여성역량강화 (Gender Equality and Women Empowerment for Development)

소장

8기 EGEP 수료

© 홍혜미

리디아 코무항이는 자신이 여성 운동가로 성장하게 된 배경에는 아버지의 영향이 있었다고 말한다. 어린 시절부터 지역 리더였던 아버지에게 마을 사람들이 가정폭력 사건을 의논하러 오고, 여성의 편에서 가정폭력 피해자를 지원하고 자립을 도와주려고 애쓰셨던 아버지의 모습을 보고 자라면서 자연스럽게 여성 인권 의식을 갖게 되었다.

리디아는 여학생들이 학업을 지속할 수 있도록 지원하는 것이 여성 역량 강화를 위한 첫걸음이자 지역 커뮤니티 성장의 밑거름이라고 믿는다. 현재 우간다에서 여학생들이 학업을 중단하는 가장 큰 이유는 조혼과 교육 인프라의 부족, 특히 여학생용 화장실 부족, 그리고 식수 마련을 위한 동원 등으로 나타나는데 그녀는 이러한 관행들을 개선하기 위해 다각도로 노력하고 있다. 여학생용 화장실 건축을 지원하고, 또한 '걷지 않아도 물을(Water without Walking)'이라는 슬로건과 함께 강수 저장탱크를 건설하고 이를 식수로 활용하는 프로젝트를 진행했다. 이는 여학생들이 식수 마련 때문에 학업을 지속할 수 없었던 문제를 해결함과 동시에 식수 확보를 위해 장거리를 오가면서 성폭력 등에 노출되어야 했던 위험을 감소시키는 효과를 갖는다. 이 프로젝트의 일환으로 30여 명의 지역 여성이 저장탱크 건설과 관리 코스를 이수했는데, 이는 여성의 식수권과 위생권을 높이는 데 일조했을 뿐 아니라, 건설이 남성적 영역으로 간주되던 지역 사회의 성별 고정관념에 균열을 가하는 결과도 낳았다. '발전을 위한 젠더평등과 여성역량강화'는 이를 토대로, 저장탱크 건설을 위한 자원을 확산하고 식수권 확보를 위한 방법을 모색하는 지역 여성들의 모임인 '루렘보 지역 여성위원회'를 결성했다. 리디아는 이러한 여성 모임을 통해 지역에서의 여성의 발언권, 리더십이 증대될 수 있다고 믿는다.

"어떤 사업이 성공적이었는가를 생각할 때, 그 근거는 그 사업이 씨앗이 되어 지역 내부로부터 자체적인 변화의 움직임이 일어났는가 아닌가에 있다고 생각해요. 예를 들어 워크숍, 마을 회의 등에 더 많은 주민들이 참여하기 시작하고, 문제 해결을 위한 주민 네트워크가 자체적으로 활성화되는 것, 이러한 변화들이 저희 단체가 이끌었던 운동의 성과라고 볼 수 있습니다."

아체 지역
젠더 연구와 교육은
아시아여성학의 실천

에카 스리물랴니

Eka Srimulyani

인도네시아

아체 회복 포럼
(Aceh Recovery Forum)

상임대표

6기 EGEP 수료

© 김나연

에카 스리물랴니는 반다아체 지역의 알-라니리 이슬람주립대학교(State Islamic University of Ar-Raniry)를 졸업했다. 아체 지역은 무슬림 전통이 강한 곳으로 샤리아 법을 채택하고 있다. 에카는 2008년부터 '아체 회복 포럼'에서 상임대표로 활동하고 있다. '아체 회복 포럼'은 2004년 12월 아체에서 발생한 쓰나미 재해로 피해를 입은 사람들을 돕기 위해서 2005년 설립된 NGO이다.

에카는 호주에서 국제연구로 박사학위를 받은 후 알-라니리 이슬람주립대학교에서 사회학을 강의하고 있으며, 아체인도양연구국제센터(ICAIOS)에서 젠더와 관련된 연구 프로젝트를 수행 중이다. "프로젝트를 통해서 마을 여성들에게 리더십과 조직 기술을 교육했는데, 놀라운 성과가 있었어요. 그들 중 일부는 마을 위원회에서 리더를 맡고 있고, 일부는 2009년 총선에 입후보하고 2014년 자치 구역 및 주 의회 선거에 나가기도 했어요. 또한 경제적 자립을 할 수 있는 여성자조 그룹을 만들고, 직업 및 조직 교육을 실시했어요. 지금도 몇몇 사업은 아주 잘 성장하고 있죠. 그들의 열정이 자랑스러워요. 사무소에 보육시설을 만들어 여성들이 엄마가 된 후에도 일에 집중할 수 있게 만든 것도 큰 성과라고 봐요."

에카는 EGEP가 사람과 이론과 현장을 연결하는 또 하나의 현장이라는 점에서 특별하다고 말한다. "EGEP는 조금 다른 것 같아요. 보통 학회나 회의를 가면 모든 사람들이 풀뿌리가 아닌 하늘에 관해서 이야기를 해요. 이론적인 논쟁만 늘어놓아요. 하지만 현장을 보면 다르죠. 현장은 정말 중요해요. 저는 이론과 현장을 연결하는 것이 꿈이고 이를 위해 지금도 노력하고 있어요. 지역에서 실제로 무슨 일이 일어나고 있는지에 대해 알아야 한다고 생각해요."

이슬람 여성과 젠더 연구자로서 그녀는 탈식민지적 관점에서 젠더라는 용어의 현장성, 지역성을 가시화해야 한다고 강조했다. "제가 이슬람 여성들과 많은 젠더 교육을 해왔는데, 젠더라는 용어에는 식민주의의 의미가 담겨 있어요. 서구적인 관점이죠. 젠더를 좀 더 현지의 맥락에 맞게 의미화할 필요가 있어요." 그녀는 이화여대의 여성학 교육 실천이 좋은 본보기라고 말하면서 특히 아시아여성학센터의 이름이 인터내셔널센터가 아니라 '아시아센터'라서 마음에 든다고 말한다.

몽골 여성들을 위한 사회상담센터를 세우고 싶어요

강치멕 얀즈마
Gangchimeg Yanjmaa

몽골

몽골성평등센터
(Mongolian Gender
Equality Center)

사회복지사

6기 EGEP 수료

© 김나연

강치멕 얀즈마는 '몽골성평등센터'에서 인신매매 피해자를 지원하는 사회복지사로 활동하고 있다. 피해자들의 인권을 보호하는 것뿐 아니라 맞춤형 상담, 역량 강화와 자기 계발, 소규모 창업 지원 등을 통해 심신 회복과 사회 복귀를 위한 서비스도 제공한다. 인신매매 피해 여성과 함께 일한 지 7년째, 지금까지 약 600명 이상의 피해자를 지원해왔다.

"인신매매 피해를 경험한 몽골 여성들은 대개 중국, 카자흐스탄, 홍콩, 마카오, 유럽 등에서 몽골로 돌아와요. 그들은 다른 사람의 억압과 폭력 아래 자신이 어떻게 생존을 했는지에 대해 끔찍한 경험을 이야기해줬어요. 그들의 이야기를 들으면서 저는 마음이 찢어질 듯 아팠고, 제 자신에게 질문을 던지기 시작했어요. 얼마나 많은 여성이 피해자가 되었을까, 왜 여성은 성폭력의 피해를 당하며 살아야만 할까, 내가 어떻게 도울 수 있을까 하고요."

그녀는 대학생일 때 '몽골성평등센터'에서 자원 활동가로 일한 것이 계기가 되어 졸업 후에도 사회복지 전문가이자 활동가로서 지속적으로 일하게 되었다. 2013년 동료들이 주는 '올해의 가장 훌륭한 스태프' 상을 받은 그녀는 "이 상은 제게 많은 열의와 영감을 주었어요. 저는 여성들을 위해서 목소리를 내는 것이 정말 행복하고, 제가 도울 수 있다는 것이 기쁩니다"라고 소감을 밝혔다.

그녀의 꿈은 향후 몽골에 사회상담센터 네트워크를 설립하는 것이다. "몽골 사회에서 여성들의 권리 침해 문제는 정말 심각해요. 여성 권리 침해는 대부분 은폐된 형태로 명백히 드러나지 않아요. 은폐된 것을 드러나게 하기 위해서는 모든 여성들이 직면하는 이슈에 대해 다루는 센터, 특히 사회적, 심리학적 상담센터가 필요해요. 제 꿈은 이러한 센터를 세우는 것이에요."

그녀가 EGEP에서 바라는 것은 서로 마음을 터놓고 기댈 수 있는 새로운 친구들의 위로와 격려이다. "인신매매 피해자를 지원하는 일이 매우 힘들기 때문에 힘을 얻고 싶어요. 그리고 저와 같은 일을 하는 다른 여성 활동가들과 만나고 싶어요." 새로운 지식과 정보를 얻는 것뿐 아니라 각자 하고 있는 일에 대한 '자신감'을 키우는 것, 그것이 그녀의 꿈과 비전을 확장시킬 자원이고, 여성 활동가들에게 필요한 임파워먼트 과정이라고 말했다.

여 자 라 서
일 을 잘 못 한 다 는
통 념 을 바 꿔 갈 겁 니 다

리디아 만지아 크파나

Lydia Manjia Kpana

시에라리온

세이브더칠드런 인터내셔널(Save the Children International)

교육 담당관

6기 EGEP 수료

© 김나연

"제가 여성 문제에 대해서 강한 동기를 갖고 일을 할 수 있게 한 것은 바로 저희 가족이에요. 저는 저희 어머니의 삶을 통해 경험했어요. 13살 때 아버지가 돌아가신 후 어머니는 모든 책임을 져야 했어요. 저희 형제들은 뿔뿔이 흩어졌는데 저는 가족과 떨어져서 농촌 지역에서 살았어요. 친족으로부터 돌봄을 받지 못했고 휴일에도 밖에 나가서 놀지 못했어요. 더 이상 학교를 가기 어려웠고 결국 학교를 그만두었어요. 저는 어머니에게 가족을 돌보겠다고 약속을 했기 때문에 일자리가 절실했어요. 3년간 직업훈련학교를 다니면서 경영학 공부를 했고 그 후 옥스팜에서 일자리를 구해 보건과 교육 분야를 담당했어요."

리디아 만지아 크파나는 현재 '세이브더칠드런 인터내셔널'에서 교육 프로그램 이행, 모니터링을 포함한 전반적인 일을 담당하고 있다. 교육부와 지역 공무원 등과 함께 시민사회단체가 양질의 프로젝트를 이행하도록 돕고 있다. 그 외에도 학교나 마을에 현장 방문을 가서 마을관계자, 학부모, 교사, 학생들을 만나 이야기를 나누고, 이들을 위한 워크숍을 열어서 지원하기도 한다.

전쟁을 겪은 시에라리온에서 여성의 참여와 권리를 지원하는 법은 매우 취약한 수준이다. 마을에서는 여전히 불평등한 권력관계와 차별이 만연해 있다. 남성이 재정적, 물리적 힘과 영향력을 갖고 있는 성별 권력 불균등은 여성과 소녀들을 더 위험하고 취약하게 만들고, 남성에게 물리적, 감정적, 성적 폭력을 당하게 만든다. "학교에서는 12, 13세 어린 소녀들이 남자 선생님의 성적 암시에 더 쉽게 굴복해요. 그들이 자신의 미래를 쥐고 있다고 생각하기 때문이죠. 여성의 취약성은 스스로 폭력적인 상황을 벗어나지 못하도록 막고 그 결과 폭력과 착취, 차별의 악순환은 계속되고 있어요."

이러한 상황에서 여성들은 자신이 살고 있는 커뮤니티에 참여할 기회를 얻기가 더욱 어렵다. "사람들은 여자이기 때문에 일을 잘 못한다고 생각해요. 저는 정의로운 사회를 원해요. 여성과 소녀들은 다양한 법과 권리, 성 평등에 대한 지식을 쌓아 힘을 기르고, 자신의 권리를 요구하고, 커뮤니티의 발전에 기여하도록 지원받을 필요가 있어요." 리디아는 '나는 여자이기 때문에 못할 거야'라는 여성들의 생각을 바꾸고 싶다고 말한다.

여성 스스로
리더가 되는
수평적 리더십

루와니 레누카 사루와 리야나제

Ruwani Renuka Saruwa Liyanage

스리랑카

개발을 위한 사회변화 액션 네트워크 (Social Transformative Action Network for Development)

대표

6기 EGEP 수료

© 김나연

루와니 레누카 사루와 리야나제는 '개발을 위한 사회변화 액션 네트워크'의 공동 창립자이자 대표이다. 그녀가 친구와 함께 단체를 만든 배경은 추상적인 수준의 여성 임파워먼트를 현실화시키는 방법을 모색하는 과정에서 움텄다.

루와니는 자신의 단체가 다른 큰 규모의 NGO와는 차별점이 있다고 강조한다. "여성 권한 강화를 위해 일하는 대부분의 큰 NGO들은 독립적인 여성단체로서 자유롭게 활동하는 데 많은 제약이 있어요. 우리 단체는 여성들이 자신의 비전, 사명, 로드맵, 액션 플랜을 개발하도록 지원하고 있어요. 계획도, 실행도 직접 해요. 이런 방식으로 프로그램 자체를 그들이 가져갈 수 있게 하는 겁니다. 어떤 액션을 논의할 때도 '누가 혜택을 받는가?'라는 단순한 질문을 던져요. 이 질문에 대해 깊이 들어가고 분석할수록 우리의 액션은 명확해지지요."

루와니가 여성 활동가가 된 계기는 어린 시절의 가난과 관련이 있다. "아버지가 돌아가시고 난 뒤 어머니를 따라 남쪽 지방인 콜롬보로 이사해 거기서 학교를 다녔어요. 여자아이들은 가난과 어린 동생들을 돌보느라 학교를 가지 못하는 경우가 많았지요. 저도 졸업하고 가족을 부양하느라 공장 노동자로 한국에서 일한 경험이 있어요. 사고를 당해 스리랑카로 돌아가게 되었고, 2년 가까이 일을 못하다가 여성단체에서 일을 시작하게 되었어요. 그게 활동가로서의 시작이었지요."

그녀가 원한 것은 실제 풀뿌리 현장에서 여성 리더십 구축을 위한 활동을 하는 것이다. 기존 여성단체의 이름 아래서 활동하는 것이 아니라 여성들이 자신의 단체를 직접 만들어서 활동할 수 있도록 지원하고 있다. "여성이 스스로 리더가 될 수 있도록 지원하고 있어요. 두 마을에서 현재 9명의 새로운 여성 리더들이 나왔어요. 탑다운 방식으로 위에서 가르치는 것보다 자생적으로 생겨난 리더들에 의해 수평적으로 다른 마을로까지 퍼뜨리는 일이 더 힘 있는 영향력을 가지지요." 그래서 개별적으로 그룹 회원들과 긴 시간을 함께하면서 그들의 이야기를 통해 개개인의 관점과 가치관을 듣는 것이 그녀의 일이기도 하다. 새로운 리더들이 나올 때마다 큰 성취감을 느낀다는 그녀는 여성들이 만들어가는 수평적 리더십에 희망을 걸고 있다.

튀니지 소녀들이 IT 혁신가가 되기를 꿈꾸며

세미야 엘라우드
Semya Elaoud

튀니지

아랍 여성과 컴퓨터 (Arab Women in Computing)

프로젝트 코디네이터

6기 EGEP 수료

© 김나연

'아랍 여성과 컴퓨터'는 컴퓨터 분야에서 아랍 여성의 지위와 가시성을 높이고, 여성들이 커리어 목적을 달성하도록 돕기 위해 2012년에 설립된 국제 비정부단체이다. 세미야 엘라우드는 튀니지 지부에서 프로젝트 코디네이터로 일하고 있다.

"저는 스펙스라는 튀니지 제2의 도시에서 태어나고 자랐어요. 어렸을 때 수학을 좋아했고 또 곧잘 해서 많은 수학경시대회, 올림피아대회에 참여했어요. 대회에는 항상 저와 제 여동생 빼고는 모두 남자들이었어요. 대학에 가서는 제가 공부했던 경영학에 너무 큰 실망을 해서 다시 수학을 공부하고 싶었지요. 그래서 가족이 있는 스펙스로 돌아와 대학원에서 컴퓨터 공학을 전공한 후 학생들을 가르치고 있어요. 저는 여학생들이 더 큰 회사에서 더 높은 위치로 가는 것을 두려워하는 것을 보고 이러한 여성들을 임파워하기 위한 프로그램을 기획하고 싶었어요."

세미야는 현재 '컴퓨터 과학 및 멀티미디어 고등연구원'의 조교수이며, '코더걸스(Coder Girls) 프로젝트'의 창립자이자 코디네이터이기도 하다. 코더걸스의 목표는 어떤 배경을 가진 소녀이든지 단순한 소비자가 아니라 기술 개발자나 혁신가가 될 수 있다는 것을 증명하는 것이다. "코더걸스는 저의 드림 프로젝트예요. 여학생들을 소비자로서가 아니라 창조자로서 기술에 노출시키는 거죠. 디지털 공간에서 여성의 수를 늘림으로써 8-18세 소녀들이 혁신가가 되도록 역량을 강화시키는 거예요. 이들에게 컴퓨터 프로그래밍, 웹 디자인, 게임 개발 기초를 가르쳐줌으로써 강력한 기술자 네트워크를 만들고자 하는 소망을 갖고 있어요. 첫 수업은 제한된 공간에서 6명의 소녀들로 시작했는데 아이들이 프로그래밍과 엔지니어링을 매우 흥미로워했어요. 현재 80명 이상이 프로그래밍 워크숍에 등록했고, 많은 여성들이 대기자 명단에 이름을 올려놓고 있지요."

세미야는 소녀들을 위한 컴퓨터 과학과 IT 기술이라는 흔치 않은 분야를 새로 개척해가고 있는 젊은 연구자이자 교육자이고 활동가이다. "저는 페미니스트라는 말을 좋아해요. 저는 항상 여성들과 일을 해요." 당찬 그녀의 에너지는 튀니지 소녀들이 전문 직업 영역에서도 혁신가로 성장할 것이라는 믿음에서 나오는 듯했다.

여성 리더십이
카보디아 사회에
변화를 가져오리라
믿어요

탄 소반티다

Tan Sovanthyda

캄보디아
브이비엔케이(VBNK)
교육 활동가
7기 EGEP 수료

© 아시아여성학센터

탄 소반티다는 캄보디아의 '브이비엔케이(VBNK)' 단체에서 교육 활동가로 일하고 있다. '브이비엔케이'는 1997년에 설립된 비정구기구로, 시민 사회 전반에 걸쳐 긍정적인 사회적 변화를 이끌어내는 역할을 하고 있다. 특히 계층과 위계, 성별과 나이, 성장 배경에 상관없이 동등한 관계 맺기 문화를 이끌어내고자 노력하고 있다. 소반티다는 리더십 개발 프로그램의 주 책임자로서, 이 프로그램을 통해 캄보디아가 당면한 다양한 개발 이슈들을 살펴보고 지역 사회와 정부 차원에서 여성이 리더십을 발휘할 수 있도록 교육하는 업무를 맡고 있다.

그녀는 여성 리더십 프로그램에 참가했던 많은 여성들로부터 감사 편지를 받을 때마다 큰 보람을 느낀다고 말한다. 특히 한 참가자가 그녀에게 "당신이 나의 두 번째 어머니예요"라는 편지를 보내왔을 때를 매우 감동적인 순간으로 기억하고 있었다. "제 나이가 이제 겨우 30살이라는 것을 생각했을 때, 그 여성 참가자가 저에게 두 번째 어머니라고 불러준 것은 존중과 존경의 의미였다고 생각해요. 매우 감사하고 보람찬 경험이었어요." 이 리더십 프로그램의 참가자들 대부분은 프로그램 참가 이후 일자리를 새로 얻으며 자립생활을 시작하고 있다.

여성들의 교육을 책임지고 있는 활동가로서 소반티다는 여성 리더십 교육 방법론에 대해 고민이 많다. 그녀는 지금까지 축적해온 노하우 세 가지를 다음과 같이 말한다. 첫째, 다양한 여성들의 요구와 차이를 이해하고자 노력하며, 둘째, 참가자들의 수준에 맞춘 수업 교재 개발에 힘쓰고, 셋째, 참가자들과 가까운 관계 맺기를 위해 노력하는 것이 성공적인 교육 효과를 낳는다는 것이다. 이러한 교육 방법론은 EGEP에 참가한 후 가장 효과적인 학습법을 고민하는 것으로 연결되었다. "EGEP는 매우 집중적인 트레이닝 과정이에요. 하루하루 진행되는 프로그램을 하나도 놓치지 않기 위해서 노트 필기도 열심히 하고, 매일 밤 하루를 정리하고 돌아보는 일지를 쓰고 있어요. 이런 작은 노력들이 모여서 다시 캄보디아로 돌아갔을 때 제 활동 역량을 크게 키워줄 것이라고 믿습니다."

고통스러운 과거를
이겨내고
여성학을 가르치는
교수가 되었어요

앤 수잔 반다나 조셉

Anne Suzanne Vandana Joseph

인도

레이디독대학교
(Lady Doak College)

조교수

7기 EGEP 수료

© 아시아여성학센터

앤 수잔 반다나 조셉은 레이디독대학교에서 조교수로 재직 중이다. 레이디독대학교는 평등한 여성 교육의 비전을 가진 미국 선교사에 의해 세워진, 마두라이 지역 최초의 여자대학이다. 특히 이 대학은 여성에게 동등한 교육의 기회를 제공한다는 목표를 가지고 여성의 지식능력 증진을 통해 책임감 있는 여성 시민들을 배출하고 있다.

그녀는 어린 시절 겪었던 차별의 경험보다 그 이후 자신에게 쏟아졌던 주위의 압력이 더 큰 어려움이었다고 설명한다. 그러나 이 고통의 기억이 궁극적으로는 사회정의와 여성 인권 증진을 위한 자신의 싸움의 동력이 되었다고 역설한다. 특히 현재 대학에서 학생들을 가르치고 있는 자신의 직업은 수많은 여성들과 만날 수 있는 기회를 제공해주며, 그 만남들 속에서 여학생들 스스로 여성에 대한 폭력에 저항하는 용기를 갖게 되는 과정을 지켜보는 것이 매우 보람된 일이라고 설명한다.

대학 내 여성학센터의 멤버로서 최근 여학생 모임을 조직한 경험이 있는 앤은 대학이 어떻게 여성 운동의 시작점이 될 수 있는지를 경험했다고 이야기한다. 이 모임 안에서 여학생들 스스로 많은 토론을 통해 여성주의적 지식을 얻었으며, 모임에 참여한 학생들 중 일부는 실제 자신의 피해 사례를 법적 도움을 받아 해결하고자 하는 의지를 갖게 된 경우도 있었다. 이 모임은 이후 학내 여성 활동으로 확장되었으며, 지역 커뮤니티에서도 성 평등 촉진과 성폭력 근절 캠페인을 조직하는 등 적극적인 운동 역량의 확장으로 이어지고 있다. “이 사례는 대학이 어떻게 여성 운동을 위한 가능성의 공간이 될 수 있는지를 보여주기에 매우 의미가 큽니다.” 앤은 이러한 경험을 토대로 EGEP에 참여함으로써 다른 지역 여성학센터의 활동 내역을 배우고, 많은 아이디어를 얻고 싶다고 밝혔다.

© 김나연

평 화 의 제 도 적 정 착 을 위 한 법 의 역 할

안사리 오사마 아얏

Ansari Osama Ayat

팔레스타인

민주주의와 공동체 개발을 위한 센터(The Center For Democracy and Community Development)

변호사

8기 EGEP 수료

'민주주의와 공동체 개발을 위한 센터'는 예루살렘에 근간을 두고 있는 시민단체로, 참여적 민주주의를 커뮤니티에 확산하고 아동, 청소년, 여성과 같은 소수자 집단이 의사결정에 참여할 수 있도록 역량을 강화하는 활동을 주로 하고 있다. 안사리 오사마 아얏은 프로젝트 기획 및 실행 전반에 걸쳐 참여하고 있으며, 동시에 변호사인 자신의 전문적 지식을 활용해 법률 자문을 하고 있다.

어렸을 때부터 봉사 활동에 열심이었던 안사리의 어린 시절 꿈은 의사가 되는 것이었다. 그러던 어느 날, 아버지와 예루살렘 거리를 지나가다가 관광객을 상대로 손수건을 파는 어린아이를 보면서 사회적 빈곤에 대해 관심을 갖게 되었다. 한눈에 봐도 배고픔에 시달리는 아이의 모습은 안사리에게 큰 충격을 주었고, 무엇이, 왜 아동을 길거리로 내몰았는지, 빈곤의 굴레를 벗어나지 못하는 사회 경제적, 구조적 환경에 대한 고민을 시작했다. 이후 그녀는 빈곤 문제를 해결할 수 있는 법 제도적 변화를 모색하기 위해 법학을 공부하기로 결심했고, 법대 진학 후 현실의 사회 문제에 대해 더욱 관심을 기울였다.

"다른 지역, 다른 사회에서의 정치, 경제, 사회적 분쟁 해소 방법을 배우고 이를 통해 팔레스타인-이스라엘 분쟁의 평화적 해결 방안을 모색할 수 있을 것이라고 생각해요."

안사리는 자신을 소개하면서 '팔레스타인의 예루살렘'에서 왔다는 말을 강조했다. 이스라엘과의 오랜, 그리고 현재 진행형인 분쟁을 겪고 있는 팔레스타인에서 태어나 성장한 안사리에게 민족·국가적 분쟁에서의 여성에 대한 폭력과 평화의 문제는 삶의 이슈이다. 특히 팔레스타인 난민 지원단체인 '유엔 팔레스타인 난민 구호사업기구(United Nations Relief and Works Agency for Palestinian Refugees in the Near East)', 팔레스타인 가자 지구의 피해자 지원단체인 '자선사회연합(Union of the Charitable Societies)' 등에서의 활동은 그녀로 하여금 현실에 기반을 둔 날카로운 사회 인식을 갖게 했다. 평화 정착에 대한 안사리의 열망은 법에 대한 고민과 밀접히 연관된다. 팔레스타인이 일종의 피점령 구역으로 헌법이 존재하지 않고 법규만 있는 상황이며 관습법이 강력하게 작동하고 있다고 지적하는 안사리는, 평화의 제도적 정착을 위한 법률(제도)의 힘을 믿는다고 말한다.

사회현실에 대한
자각이
여성 활동가의 삶으로

앗빈 타헤라

Atbin Tahera

아프가니스탄

토란 아프가니스탄 개발 및 교육센터(Toran Afghanistan Developmental and Educational Organization)

애드보커시 담당관

8기 EGEP 수료

© 김나연

앗빈 타헤라는 지역 공동체에서 민주주의적 의식을 함양하고 리더십 개발 프로그램 등을 교육하는 풀뿌리 시민단체인 '토란 아프가니스탄 개발 및 교육센터'에서 애드보커시 담당관으로 활동하면서 특히 여성의 정치적 역량 강화를 위해 노력하고 있다.

여성 운동 활동가가 된 계기를 묻는 질문에 앗빈은 한참을 생각하더니, 대답 대신 아프가니스탄에서 여성으로 살아간다는 것의 의미에 대해서 이야기를 시작했다. 어린 나이에 자신보다 3배나 나이가 많은 남자와의 결혼을 강요당하고 결혼 후 얼마 되지 않아 2명의 자녀를 둔 미망인이 된 언니, 경제적인 이유로 단돈 500달러에 팔려가 남편과 시댁 식구들에 의해 칼에 찔리고 목이 베여 숨진 어린 소녀, 신체 일부 및 생식기를 절단당한 여성 등 비참한 여성들의 모습을 주위에서 너무나 많이 봐왔다고 한다. 그녀는 이러한 일들이 한두 명이 아닌, 수백, 수천 명의 여성의 이야기이며 이것이 바로 아프가니스탄과 같은 사회에서 여성으로 살아가는 현실이라고 말한다. 이처럼 아프가니스탄 사회 전반에 걸쳐 만연한 여성폭력을 목격하고 경험해왔던 시간을 통해 여성 운동 활동가로서의 삶을 살게 된 것은 앗빈에게 너무나 자연스러운 여정이었다.

"앞으로 인권 및 여성 권리와 관련한 정책 분야에서 일하면서 아프가니스탄 사회의 변화를 이끌어내는 역할을 하고 싶어요. 다양한 지역의 여성 운동 활동가들을 만나서 그들의 경험을 통해 나의 식견을 넓히고, 이를 아프가니스탄의 맥락에서 새롭게 접목시켜보고 싶어요."

앗빈은 아프가니스탄 워치(Afghanistan Watch)에서 미군과 나토(NATO)군 철수 이후 아프가니스탄 여성의 실생활에 대한 조사를 포함해 다양한 분야의 시민단체에서 활동한 경험을 갖고 있다. 그녀는 이것이 바로 여성 활동가로서 자신의 큰 자산이라고 믿는다. 다양한 의제를 접하고 많은 것을 배웠을 뿐 아니라 리더십 경험을 통해 여성 활동가로서 성장했기 때문이다. 그녀는 남의 이야기에 귀 기울이고, 인내심을 갖고, 비판에 대해 두려워하지 않고 솔직하게 말하는 태도가 중요하다고 역설한다. 좀 더 강해지고 보다 나은 페미니스트가 되기 위해 앞으로도 배워야 할 것이 많다는 그녀의 내일이 기대된다.

© 김나연

연극을 통해 여성 운동하기

솔나라 아크탈

Solnara Aktar

방글라데시

아인 오 셀리쉬 켄드라
(Ain o Salish Kendra, ASK)

수석 연극 활동가

8기 EGEP 수료

솔나라 아크탈은 법률지원단체인 '아인 오 셀리쉬 켄드라'에서 연극을 통한 인권 증진 프로그램인 액션극장(Action Theatre)을 기획·운영하고 있다. 액션극장은 연극을 통해서 사회 문제에 대해 논의하는 장이다. 학생과 지역 주민들이 배우와 관객으로 직접 참여해, 어떻게 연극을 진행하고 어떤 결말을 낼 것인가에 대해 함께 논의하면서 인권, 성 평등, 사회정의 등에 관한 문제 해결 방안을 모색한다.

자신 또한 배우로도 활동하고 있다는 솔나라는, 이 프로그램을 통해 청년들의 역량을 강화하고, 길거리나 학교 등에서 발생하는 성희롱인 '이브 티징(Eve Teasing)'을 감소시키는 등 사회 변화를 이끌어내는 성과를 이루고 있다고 말한다. 하지만 여전히 넘어야 할 과제도 많이 있다. 액션극장 연극팀에 대한 여성의 참여는 아직도 낮으며, 연극팀이 보복 공격의 대상이 되고 있다고 우려한다. 학교에서 공연할 때면 근본주의적 성향을 가진 교사들의 방해도 여전하며, 또한 보수주의를 자처하는 일부 근본주의 그룹에서는 가가호호를 방문해 주민들, 특히 여학생들의 연극공연 참여를 강력하게 막고 있다고 한다.

연극 활동을 통해 새로운 인권 운동의 장을 만들어가고 있는 솔나라는 연극과 같은 문화 체험이 매우 효과적인 인식 개선의 도구와 기회라고 말한다. 대학에서 연극학 학사 및 석사학위를 취득한 그녀는, 대학 시절 학내 성폭력반대 운동에 참여하면서 여성주의자로서 자신을 정체화하기 시작했다. 당시 여성의 섹슈얼리티를 둘러싼 젠더폭력에 초점을 맞춘 캠페인을 진행하면서 자연스럽게 여성의 섹슈얼리티와 법적 권리에 대한 관심의 폭이 확장되었다. 졸업 후 단체에서 활동하면서 여성의 삶, 여성 인권, 자유를 위한 투쟁 등에 대한 다양한 관점을 접하게 되었고, 페미니즘에 대한 관심도 깊어졌다.

솔나라는 시민단체에서 활동하면서 자신의 인권의식의 지평이 넓어졌다고 이야기한다. 여성 인권의 문제가 방글라데시 사회 전반의 문제, 예를 들어 사회적 불평등을 조장하는 정책이나 법적 관행, 빈곤 문제, 취업난, 사회 고위층의 부패, 종교, 민족, 계급 간 불평등과 같은 사회 문제와 깊이 연관되어 있음을 깨닫게 되었다는 것이다. 그래서 그녀는 성 평등과 여성 인권 증진을 위해 다른 사회적 이슈들과 연계해 해결해야 한다고 강조한다.

© 홍혜미

미 래 를

변 화 시 키 는

씨 앗

나르게스 코람샤히
Narges Khoramshahi

이란

햇살정의법률재단 (Justice Sunshine Law Foundation)

교육 상담사

8기 EGEP 수료

'햇살정의법률재단'은 사회적 기업 기획 및 창업을 지원하는 법률재단이다. 나르게스 코람샤히는 이 재단과 협력해서 사회적 기업가를 위한 센터를 창업했던 인연으로, 현재는 재단에서 여성 기업가 배출을 위한 교육을 통해 이란 여성의 역량 강화에 기여하는 활동을 펼치고 있다.

대학원에서 사회적 기업학을 전공한 나르게스는, 대학과 여러 NGO 등에서 사회적 기업의 가치, 자기 고용 창출, 자기 개발론을 강의하면서 여성의 가능성을 확인할 수 있었다고 말한다. 처음 강의를 시작할 때, 질문을 던지며 열정적으로 강의를 듣는 여학생들을 보면서 그녀는 그 열정이 식지 않도록, 현실에서 열매를 맺을 수 있도록 이끌어주고 조언해주는 멘토의 역할을 해야겠다고 다짐했다.

"비록 현재 이란 사회의 남성 중심적 환경이 여성 기업인들, 여성 경제인들의 활동에 많은 제약을 가져오기는 하지만, 그럼에도 불구하고 젊은 여성들의 열정이 미래 사회를 바꿀 수 있을 것이라고 믿어요."

나르게스는 경제 영역에서의 여성의 역할이 증대될수록 성 평등의 관점에서 사회에 긍정적인 역할을 할 수 있을 것이라는 확신을 갖고 있다. 이러한 노력의 일환으로, 사회의 긍정적 변화를 모색하고 지속 가능한 사회경제적 발전을 위해 사회적 기업가를 위한 센터를 창립하기도 했다. 센터에서는 청년들에게 희망, 자기 고용, 그리고 평화 건설에 대한 장을 제공하고, 젊은 세대가 사회경제 영역에서 새로운 도전을 할 수 있도록 지원한다.

그녀는 이들과 작업하면서 가장 큰 어려움이 그들 스스로 자신의 미래에 대해 무관심한 점이었다고 이야기한다. 그래서 젊은 여성들의 잠재력을 일깨워주고 미래에 대한 긍정적 비전을 심어주기 위해 노력했다. 이 과정에서 그녀 역시 그들과 자신의 이야기, 꿈과 희망을 나누기 시작하면서 꿈을 실현하는 것이 우리 자신의 손에 달려 있음을 깨닫게 되었다.

작은 시도들이 지금 당장은 큰 변화를 이끌어낼 수 없겠지만, 어린 학생들의 열정을 확인할 때마다 큰 변화의 시작이라고 믿는다는 나르게스는 지금 젊은 세대의 변화를 이끌어냄으로써 이란의 미래의 모습을 바꿀 수 있는 씨앗을 뿌리고 있다.

© 김나연

여성주의 네트워크 리더가 되고 싶어요

로트바티 소반

Rotvatey Sovann

캄보디아

캄보디아 젠더와 개발(Gender and Development for Cambodia)

프로그램 담당자

6기 EGEP 수료

로트바티 소반은 '캄보디아 젠더와 개발'에서 애드보커시와 네트워킹 프로그램 담당자로 활동하고 있다. 주로 시민단체들과 협력해서 국가 법률과 정책이 성인지적이고 성 주류화될 수 있도록 모니터링하는 역할을 담당한다. 그 중 취약 계층 여성들의 임파워먼트와 여성주의 의식 향상을 목적으로 하는 '젠더 카페(Gender Cafe)' 프로젝트를 통해 거리의 상인, 의료 공장 노동자, 엔터테인먼트 노동자를 비롯해, 토지에서 쫓겨나 삶의 터전을 잃은 여성들을 지원하고 있다.

로트바티는 사 남매 중에 셋째이다. "어릴 때부터 남자아이들과 놀면서 뱀도 잡고 장어도 잡고 그랬죠. 그런데 막내 남동생이 태어났을 때 이모가 너는 더 이상 사랑받지 못할 거라고 했어요. 제가 10대가 되면서 엄마는 여자답게 옷을 입으라고 했고 밖에 나가지 못하게 했어요. 모든 가족이 아빠의 뜻을 따라야 했는데 저만 아빠와 싸웠지요. 사람들은 저에게 항상 화가 나 있다고 해요. 이런 말을 들을 때마다 마음이 편하지 않아요. 하지만 세상은 너무 불공평해요. 주변에 폭력을 당한 여성들을 생각하면 그들이 당한 고통과 스스로 정의를 구할 수 없는 상황이 너무 화가 나요."

그녀는 2014년에 여성과 소녀들에 대한 폭력 종식을 위한 글로벌 캠페인인 '원 빌리언 라이징(One Billion Rising)' 캠페인을 캄보디아에서 조직하기도 했는데, 50여 명의 청소년 자원 활동가들과 함께했다. "이 캠페인이 널리 알려지진 않았지만, 적어도 이들 활동가들은 여성 이슈에 대한 자신의 태도를 바꾸게 되었어요."

젊은 활동가로서 EGEP에 거는 기대를 그녀는 이렇게 밝혔다. "무엇보다 EGEP는 액티비즘을 강화하는 장이라고 기대합니다. 다른 여성주의자들을 만나면서 에너지를 얻고, 더 열정적으로 일하도록 서로를 격려할 수 있어요. 이를 통해 보다 강력한 여성주의 리더가 될 수 있을 거예요. 또한 EGEP는 다른 활동가들의 경험을 배우고 나눌 수 있는 기회입니다. 다양한 영역에서 활동하고 있는 여성 활동가들의 실천적 경험을 듣고 싶어요. 여성의 권리를 위한 싸움을 위해 어떻게 더 강해질 수 있을지도 보고 싶어요. 그래서 전 세계의 여성들과 네트워크를 만들고 싶어요. 이 프로그램을 통해서 여성주의를 더 키우고, 여성 이슈를 옹호하는 집단적인 목소리를 갖게 될 거예요.

인권 교육 수혜자의

경험에서 배우다

타레파 사비르 이스마힐

Tarefa Sabir Ismahil

이라크

인권위원회(Independent Human Rights Commission)

트레이닝 코디네이터

8기 EGEP 수료

© 김나연

타레파 사비르 이스마힐은 이라크 '인권위원회'에서 여성과 아동의 인권 증진을 위한 활동을 하고 있다. 이라크 북부 아르빌 주의 인권부(Ministry of Human Rights)에서 일한 바 있으며, 현재 대학에서 강사로도 일하고 있다.

타레파는 여성 인권 향상을 위한 민·관·학계에서의 다양한 경험을 토대로, 이라크 사회에서 인권 개념이 여전히 부족하지만 최근 급격한 사회 변화와 함께 이라크 여성들이 그동안 '당연하게' 여겨졌던 성 불평등에 대해 문제를 제기하고 자신들의 권리를 주장하기 시작했다고 말한다. 일례로 이라크 사회 내 이혼에 대한 인식 변화가 두드러지는데, 이혼 후 예상되는 사회적 낙인과 경제적 어려움에도 불구하고 여성들에게 이혼이 하나의 선택지가 되고 있다는 것이다. 이러한 시대적 변화를 여성들이 잘 활용할 수 있도록 교육하고 자립을 격려하는 일이 필요하다.

타레파는 자신이 어려서부터 여성 인권이나 여성주의에 관심이 있었던 것은 아니라고 말한다. 고등 교육을 받고 국제기구 등에서 활동하면서 여성 인권 이슈에 대한 관심을 갖기 시작했고, 점차 이라크 사회의 남성 중심성과 성 불평등에 대해 자각하면서 본격적으로 여성주의에 눈을 뜨게 되었다고 한다. 그리고 지금 그녀는 국제기구를 비롯한 여러 인권단체에서 일하면서 이라크 여성과 아동에 대한 폭력을 근절시키기 위한 활동을 펼쳐나가고 있다. 앞으로 여성과 아동 인권 지원단체를 설립하는 꿈을 갖고 있기도 하다.

"인권의식 증진 프로그램에 교육자, 강연자, 수혜자로 참여하면서, 교육 프로그램의 성공적인 성과를 위해서는 무엇보다도 교육 수혜자들에게 동기를 부여할 수 있는 그 무엇인가를 찾아야 한다는 것을 알게 되었어요."

타레파는 지난 2014년 국제농업협력개발과 해외자원봉사기구(ACDI/VOCA)에서 개최한 젠더 트레이닝 교육에 참가했던 경험이 자신에게 큰 영향을 미쳤다고 말한다. 열성적으로 참여하면서 많은 것을 배웠던 기회였기도 했지만, 우수 참가자로 선정되는 경험으로 인해 인권 교육 활동에 대한 책임감이 커졌다는 것이다. 이라크의 사회적 변화를 견인해가는 주체로서 여성의 역량 강화와 여성 교육의 필요성을 강조하는 그녀의 모습에서 이라크 사회의 변화에 대한 희망이 엿보인다.

© 김나연

팔레스타인
여성들의
자립을 위한 희망

도아 아티야 알타라티니

Doaa Atya Althalathini

팔레스타인

팔레스타인 YMCA
(Palestine YMCA)

프로젝트 코디네이터

9기 EGEP 수료

도아 아티야 알타라티니는 '웨스트뱅크와 가자 지역의 '팔레스타인 YMCA'에서 빈곤층 여성 가장들을 대상으로 창업 및 기술 교육을 지원하는 일을 담당하고 있다. 그녀가 참여한 '가정 내에서의 기술과 마을 경제'라는 주제의 교육 훈련 프로그램은 여성이 가장인 가구들을 중심으로, 소규모 창업을 위해 필요한 금융을 지원하고 기술을 교육하는 것이다. 그녀는 지원이 필요한 가구를 선정하고, 그들이 가지고 있는 자원들을 통해 창업 계획을 마련하고 필요한 경제적 지원을 제공하며, 그에 따른 창업 과정과 결과를 모니터링하는 업무를 맡고 있다.

"처음에 5명의 여성을 지원했는데 현재 이 중 2명은 사회적 기업을 운영해요. 소금융 지원을 통해 창업 비용을 마련했어요. 지금은 약 12명의 여성이 교육 훈련에 참가하고 있어요. 어떻게 창업을 준비해야 하는지, 어떻게 경영을 해야 하는지 등에 대해서 배워요. 창업을 하는 여성들의 사업 종류는 다양한데 대부분은 전통적인 형태의 식료품점, 옷가게, 빵집 등이에요. 대부분의 여성들이 중학교나 고등학교를 졸업했기에 전문적인 영역으로 진입이 어려워요. 그래서 창업 준비나 경영에 대한 교육이 필요해요."

2011년도 통계에 따르면 팔레스타인 사람들의 96%가 자영업을 하고 있는 상황이다. 그리고 전체 팔레스타인 인구 중 25%가 빈곤에 시달리고 있으며, 빈곤율은 여성의 경우 50%에 육박한다. 고용률은 남성의 경우 71.7%, 여성의 경우 19.4%이다. "제가 여성들을 지원하면서 느낀 점은 여성들이 지식과 경험의 부족으로 인해 기업가가 된다는 것에 어려움을 갖고 있다는 것이에요. 여성들은 소금융 지원으로 돈을 빌리기를 꺼려해요. 이자도 높고 계속해서 모니터링을 해야 하기 때문에 친척이나 지인에게 돈을 빌리려고 하지요."

도아는 자신의 석사학위 논문 연구와 단체 활동을 통해서 소규모 창업 지원이 여성들의 자기 독립성, 고용 증진, 역량 강화 및 빈곤 퇴치를 위해 가장 효과적인 방법의 하나라는 점에 확신을 가지게 되었다고 설명한다. 여성에게 소규모 창업 교육을 시행하고 기회를 제공하는 것은 경제적, 사회적으로 성 평등을 이룰 수 있는 효과적인 방법이라는 것이다. 이제 그녀의 꿈은 가자 지역에 '여성 자영업 지원센터'를 설립하는 것이다.

폭력의 방관자가 아닌
현실을 바꿔나가는
개척자

자히드 굴산

Zahid Gulshan

파키스탄

개발을 위한 물결 (Waves for Development)

프로그램 개발 매니저

8기 EGEP 수료

© 김나연

자히드 굴산은 파키스탄의 사회개발협력을 위한 NGO인 '개발을 위한 물결'에서 프로그램을 기획하고 진행하는 일을 담당하고 있다. 개발 섹터에서 수년째 활동 영역을 넓혀가면서 동시에 여성 활동가로서의 정체성을 갖고 여성의 역량 강화, 인권 향상 등에 중점을 두고 일하고 있다.

"저는 파키스탄의 한 중소 도시에서 태어났어요. 지역 사회일수록 여성에 대한 폭력이 훨씬 만연한 경향이 있어요. 제 고향도 다르지 않았죠. 내 가족이, 친구들이 여성폭력의 피해자가 되는 것을 바라만 볼 수는 없다고 생각했던 것 같아요."

자히드는 여성 운동 활동가가 된 이유를 타인이 겪고 있는 고통의 방관자가 되지 않기 위한 선택이었다고 말한다. 그녀는 여성폭력을 묵과하고 방관하지 않고, 현실을 바꾸고 싶다는 열망을 가지고 이후 여성운동단체들에서 활동을 하게 되었다.

자히드는 최근까지 파키스탄 최대 여성운동단체인 '아우랏트재단(Aurat Publication and Information Service Foundation)'에서 활동했는데 이를 통해 여성 정치 세력화의 중요성에 대해 배울 수 있었다. 일례로, 파키스탄 전역의 13개 지구 1,300여 개의 마을에서 여성 리더십 향상 프로젝트를 시행한 결과, 여성들도 국가신분증체계(CNIC)에 등록할 수 있게 되었다. 여성이 국가신분증체계에 등록한다는 것은 유권자로서의 권리를 갖게 되었다는 의미이다. 이를 토대로 여성 몇몇은 지방선거에 출마하기도 했다.

자히드가 파키스탄의 여성 정치 세력화를 주요 의제로 생각하는 것은 파키스탄의 역사와 여성의 사회적 지위와 무관하지 않다. 파키스탄은 '전통적으로' 남아선호 사상이 굉장히 강한 사회이다. 이슬람공화국 성립(파키스탄은 1956년 이슬람공화국이 성립되었음) 전에 비하면 지금의 상황은 나아졌다고 할 수도 있지만, 여전히 정치, 사회, 경제적으로 여성은 차별과 도전에 직면해야 한다. 집안의 넷째 딸로 태어나 어떻게 살아남아 있게 되었는지를 한 번씩 돌이켜본다는 그녀는, 고향에서 여성 역량 강화를 위해 헌신하고 있는 유일한 여성 활동가이다. 자히드는 현재 글로벌 여성 운동의 가능성과 구체적 실천 전략들에 대해 큰 관심을 가지고 있다.

분노에서
리더십으로,
새 길을 찾다

모니카 한젬밤

Monika Khangembam

인도

평화와 발전을 위해 노력하는 여성과 청년 (Women and Youth for Peace and Development)

창립자

10기 EGEP 수료

© 김나연

모니카 한젬밤은 '평화와 발전을 위해 노력하는 여성과 청년'의 창립자이다. 이 단체는 인도 북동 지방의 마니푸르 지역을 기반으로 설립되었는데, 마니푸르 지역은 지난 50년간 '무장 세력에 관한 특별법(The Armed Forces Special Powers Act)'으로 인해 군대 세력의 무분별한 민간인 사찰, 체벌 및 사살 문제가 만연해온 곳이다. '평화와 발전을 위해 노력하는 여성과 청년'은 군사폭력의 피해자를 지원하는 것을 목표로 하며, 심리치료뿐만 아니라 남겨진 피해자의 가족들, 특히 미망인들이 경제적으로 자립해서 살 수 있도록 지원하는 활동을 펼치고 있다. 이 단체의 창립자로서 모니카는 전체 사업의 기획과 운영을 담당하고 있다. 특히 지역의 피해자 가족들의 삶을 가까이에서 이해하며, 폭력과 빈곤의 연관 고리를 끊을 수 있게 지원하는 사업들을 기획하는 일에 중점을 두고 있다.

모니카는 갈등 지역에 만연해 있는 폭력으로 인해 남편, 아버지, 남자 형제들이 살해된 이후 여성들이 곧바로 빈곤과 성폭력에 노출되는 상황을 여러 번 목격했다. 또한 마니푸르 지역은 여전히 남성 중심적 문화와 성차별적 관행들이 만연해 있어, 모니카는 어린 시절부터 여성의 몸에 대한 엄격한 규제와 여성에 대한 차별과 폭력을 일상적으로 경험했다. 이러한 경험과 문제의식들은 이후 여자대학에 진학하면서 여성주의 문제의식으로 심화되었다. 특히 모니카는 상황의 피해자로서가 아니라 절망을 희망으로 바꾸어나가는 존재로서 여성 리더의 가능성을 확인하고, 피해의 경험을 분노가 아닌 세상을 바꾸는 리더십으로 발전시키는 방법을 찾고자 노력하고 있다.

"인도는 다양한 인종이 공존합니다. 인종차별도 많고, 인종차별주의자도 많아요. 마니푸르에서는 인도군이 수상한 자를 총살하거나 연행할 수 있어요. 이게 바로 제가 사는 곳에서 벌어지는 일이에요. 저는 어렸을 때부터 차별을 많이 당해왔어요. 외모가 어떻다, 냄새나는 걸 먹는다는 얘기도 많이 들었죠. 여성들은 흔히 쉽게 같이 잘 수 있는 존재로 취급당하고 성적 희롱이 만연해 있어요. 이런 경험이 지금의 저를 만들었어요. 저는 여성 스스로 리더가 될 수 있다고 믿어요. 단순히 피해자가 아니라 다른 여성들에게 영감을 줄 수 있는 여성이요. 그래서 이 지역의 여성들과 함께하는 것이 저에게는 매우 중요한 문제예요."

© 김나연

남성 위주의
공적 공간에
균열 내기

라우리스 크리스텔 에보토 콘고 아 보울

Laurice Christelle Eboto Nkongo a Boull

카메룬

한국국제협력단 카메룬 사무소 (Korea International Cooperation Agency, Cameroon)

프로젝트 매니저

10기 EGEP 수료

라우리스 크리스텔 에보토 콘고 아 보울은 '한국국제협력단 카메룬 사무소'에서 프로젝트 매니저로 활동하고 있다. 1991년 설립된 한국국제협력단은 한국의 국제 원조 프로그램을 세계 각국의 필요한 곳에 분배하는 역할을 한다. 카메룬 사무소는 2011년에 설립되었으며, 개발 원조 프로젝트 진행과 인적 자원 교육을 주로 하고 있다. 라우리스는 여기서 프로젝트를 운영하고 관리하는 일을 담당하고 있으며, 현지인으로서 지역 문화에 대한 이해를 바탕으로 원조 프로그램의 효과적인 진행을 돕고 있다.

라우리스는 '한국국제협력단 카메룬 사무소'를 세우는 과정에서부터 참여해 이 사무소가 카메룬 지역에서 자리를 잡는 데 중요한 역할을 했다. 몇 달 동안 지역 사회 및 정부기관에 한국국제협력단을 알리는 노력을 기울인 끝에 한국국제협력단 카메룬 지부를 개소했으며, 이후 카메룬 지부에서 주요 프로젝트의 기획 및 운영에 참여해왔다. 2015년에는 그 성과들을 인정받아 부매니저로 승격되기도 했다. 그녀는 젊은 여성으로서 어려움이 없지는 않았지만, 그간의 노력이 헛되지 않고 인정받은 것 같아서 개인적으로 매우 뿌듯했다고 말한다.

아프리카에서는 아직 소수의 여성들만이 주요 직책의 책임자로 있을 뿐, 대다수의 공적 공간은 남성들이 채우고 있는 실정이다. 이러한 지역적 특성과 크게 다르지 않게 라우리스는 '한국국제협력단 카메룬 사무소' 설립 당시 유일한 여성 직원이었다. 현재 카메룬 사무소 프로젝트 매니저로서 라우리스는 남성 중심적 문화와 관행을 바꾸는 데 적극적으로 기여하려는 포부를 가지고 있다.

"지금 일하는 곳에서도 제가 유일한 여성 직원이에요. 저는 남성들과 토론할 때 그들이 단순히 리더이고 힘이 있고 남자라는 이유로 여성을 무시하고 누르려는 모습이 있다는 것을 깨달았어요. 이런 상황을 접하면서 리더십에 대해 관심을 갖게 되었어요. 저는 20개 프로그램의 책임자이기도 하고, 한국에 가려는 여성들에게 조언도 하기 때문에 리더십에 관심이 있었죠. 우리나라는 자연자원 덕택에 부유해요. 그렇지만 해결해야 할 사회 문제가 산적해 있지요. 저는 여성 리더가 되어 카메룬의 현 상황을 변화시키고 싶어요."

© 김나연

여성주의 리더십으로 더 큰 변화를 그립니다

사브리나 슈미

Sabrina Shumi

방글라데시

월드비전 방글라데시 사무소 (World Vision Bangladesh)

연구·혁신 코디네이터

10기 EGEP 수료

사브리나 슈미는 '월드비전 방글라데시 사무소'에서 연구·혁신 코디네이터로 활동 중이다. 월드비전은 취약 아동과 그들의 가족, 커뮤니티의 안녕을 도모하는 기독교 인권단체이다. 종교, 민족, 성별, 장애 여부와 무관하게 취약 아동을 지원하는 것을 목적으로 하며, 나아가 여성과 남성, 소녀와 소년 모두 자신의 잠재력을 발휘할 수 있도록 성 평등한 사회를 만들고자 노력한다. 사브리나는 이 단체의 연구·혁신 코디네이터로서 프로그램 개발 및 운영과 관련해 메타 분석, 메타 평가를 실시하고, 프로그램 운영 전문가 집단을 모니터링하고 평가하기도 한다. 또한 프로그램 제안서 작성 및 관련 연구를 진행함으로써 단체의 재원 안정화를 위한 역할을 맡고 있기도 하다.

사브리나는 스스로 운이 무척 좋았다고 생각한다. 대부분의 방글라데시 여성들과 달리 아버지의 사랑과 지원을 많이 받았기 때문이다. 덕분에 외국에 나가 공부할 수 있었고 또 자신이 원하는 활동가 일을 선택할 수 있었다.

"방글라데시도 무슬림 국가이고 가부장적 국가예요. 그래서 많은 부분에서 파키스탄과 비슷해요. 저희 어머니는 어릴 때 결혼하셨는데 저희 아버지는 교육받은 사람이었고, 예술적인 사람이었어요. 사실 저희 자매가 독립적으로 크는 데 아버지가 많은 영향을 주셨어요. 우리 문화에서 남자는 여자보다 우위에 있고, 가문을 잇기 위해서 아들을 낳아야 한다는 믿음이 강해요. 하지만 저희 부모님은 아들이 없었고, 딸들을 인간답게 키우셨어요. 여성이 남성보다 열등하지 않다고 생각하셨고요. 매우 운이 좋았던 거죠. 제가 해외유학을 가고 싶다고 했을 때도 아버지는 지지해주셨어요."

사브리나는 자신이 예외적인 경우라는 것을 잘 알고 있으며, 그만큼 더 많은 여성들이 자신의 권리를 당연하게 누릴 수 있도록 하는 데 기여하고자 한다. 최근 방글라데시 정부는 그녀가 제출한 여성 임금차별에 대한 연구 보고서에 기초해 임금차별 금지법을 만들 계획을 수립하는 중이라고 한다. 그녀는 자신의 연구가 실질적인 사회 변화를 이끌어내는 데 기여하게 된 것이 신기하고 자랑스럽다. 또한 EGEP에서 배운 여성주의 리더십을 보다 깊이 연구하고 자신의 삶에 적용해 더 많은 변화를 이끌어내는 여성 활동가로서 성장하고 싶다는 소망을 갖고 있다.

젠더 연구로 새로운 국가 정책에 참여하기

인인민
Yin Yin Min

미얀마

아시아공과대학교
(Asian Institute of
Technology)

대학원생

10기 EGEP 수료

© 김나연

인 인 민은 태국에 위치한 '아시아공과대학교'에서 석사과정을 이수하고 현재 석사학위 논문을 집필 중이다. 아시아공과대학교는 환경·자원과 개발 대학원, 엔지니어링과 기술 대학원, 경영 대학원으로 구성되어 있는데, 인은 환경·자원과 개발 대학원에 속한 젠더와 개발 석사과정을 이수하고 현재 '미얀마의 민주화와 여성의 대표성'을 주제로 한 논문을 쓰고 있다. 학술 활동 이외에도 그녀는 학내 다양한 행사에 참여하고 있으며, 학생회 멤버로도 활동 중이다.

인은 미얀마의 남성 중심적 문화와 성차별적 관행이 미얀마 여성들의 자아실현에 큰 걸림돌이 되고 있다고 말한다. 미얀마 여성들은 가정을 보살피고 가부장의 결정에 따르기를 요구받을 뿐, 그 외의 사회 활동에 대해서는 큰 제약을 받고 있다. 여성은 교육의 기회를 얻지 못하는 경우가 많으며, 그에 따라 여성이 공적 공간에서 활동할 수 있는 기회가 매우 제한적이다. 인은 법과 제도의 개선을 통해 미얀마 여성의 삶의 조건을 바꿀 수 있을 것이라고 믿으며, 이를 위해 기여하는 활동을 하고 싶다고 밝혔다.

이러한 맥락에서 인은 현재 진행 중에 있는 자신의 석사학위 논문이 매우 중요한 연구가 될 것이라고 기대하고 있다. 그녀는 석사과정을 통해 다양한 층위에서 활동하는 미얀마의 현직 정치인들을 만나 인터뷰를 진행해왔다. 이러한 데이터를 활용해 성 평등과 법적·제도적 변화의 이슈를 미얀마의 맥락에서 심도 있게 다루는 연구물을 집필할 생각이다. 또한 졸업 후에는 미얀마로 돌아가 정부의 젠더 전문가로 일할 계획을 가지고 있다.

"미얀마는 오랫동안 독재 지배하에 있었어요. 거의 60년 동안이나요. 아직도 정보와 기회가 차단되어 있죠. 그렇지만 이제 변화할 거라고 생각해요. 우리 미얀마인들은 이제 희망을 봅니다. 왜냐하면 작년, 그러니까 2015년 11월에 다수 정당들의 선거가 있었고, 아웅산 수치가 이겼으니까요. 이전에는 내가 받은 교육을 어떻게 쓸까에 대해 고민했어요. 지금 우리는 희망이 있기 때문에 미얀마로 돌아가서 국가계획을 위한 공동체 발전 주도 그룹의 젠더 전문가로 일하려고 해요. 세계은행이 후원하는 사업이에요. 이제 전 제 지식과 직업적 삶을 통해 나라에 기여할 수 있게 되어 기쁩니다."

케냐 쿠리아 소녀들의

교육을 위해

나탈리 로비 팅고

Natalie Robi Tingo

케냐

쿠리아 소녀들
(Girl Empowered Kuria)

창립자/대표

9기 EGEP 수료

© 김나연

나탈리 로비 팅고가 살고 있는 쿠리아 마을은 케냐와 탄자니아 국경 가까운 곳에 위치하고 있다. 쿠리아 지역의 소녀들은 대부분 교육을 받기 어려운 환경에 있다. 다행히 나탈리는 어머니 덕분으로 24명의 형제들 가운데서도 교육을 받을 수 있었다. 대학에서 경제학을 전공한 그녀는 지역에서 운영하는 공동체 사업에 참여했다가 5살에 조혼을 하게 된 소녀를 만나게 되면서 경제학자가 되기보다는 소녀들을 위해 일해야겠다고 다짐하게 되었다.

그렇게 2011년에 '쿠리아 소녀들'이 만들어졌다. "저희 단체는 특히 교육에 집중해서 활동을 펼치고 있어요. 소녀들이 공식 교육을 받을 수 있도록 지원하고 있습니다. 직업 훈련 교육 같은 비공식 교육도 지원을 해요. 사실 저희 단체는 규모가 작다는 이유로 예산을 지원받는 것이 쉽지가 않아요. 페이스북 같은 소셜 미디어를 통해서 기금을 마련하기도 해요. 그래도 젠더 전문가를 비롯해 자원 활동가들이 있어서 단체에 큰 힘이 됩니다."

나탈리는 단체에서 여성들에게 리더십을 익힐 수 있는 기회를 제공하기 위한 다양한 교육 프로그램을 만드는 일을 하고 있다. '어머니 이니셔티브(The Hamasisha Mama Initiative)' 프로젝트는 그녀가 가장 보람된 활동으로 기억하고 있는 것들 중 하나이다. 200여 명의 여성이 이 프로그램에 참여했고 그중 절반 이상이 남편이 없는 가난한 여성이었다.

'쿠리아 소녀들'이 중점을 두는 일은 10대 소녀들의 역량을 강화하고, 지역 여성의 삶에 가장 밀접한 문제를 해결하는 것이다. 여성과 소녀들에게 위생과 피임법을 교육하고, 가족 및 커뮤니티에서 발생할 수 있는 갈등에 대처하는 방법을 함께 고민한다. 여성에 대한 사회문화적인 폭력, 여성 성기 절제 관습, 10대 임신 및 조혼과 같은 문제들에 대처할 수 있는 방안을 함께 나누는 활동을 벌이고 있다. "저는 여성들에게 해로운 전통 관습에 맞서고 있어요. 특히 여성 성기 절제와 조혼은 저희 사회에서 오래 지속되어온 관습이에요. 저희 세대는 이런 관습에서 벗어나기를 바랍니다." 이제 20대 초반인 그녀는 여성이 독자적 재산권을 갖게 되고, 사회의 리더로서 활약하며, 남성과 동등한 교육 및 직업의 기회를 누리게 될 때까지 활동을 멈추지 않을 것이라고 힘주어 말했다.

NGO 활동가에 대한

편견을 딛고

누어 막수랏

Nure Maksurat

방글라데시

여성을 위하여(For Women)

부매니저

10기 EGEP 수료

© 김나연

'여성을 위하여'는 여성의 권리 증진 및 여성에 대한 폭력, 차별, 그리고 부정의에 대한 저항을 목적으로 여성들의 역량 강화를 위한 활동을 펼치고 있다. 특히 지역 여성들의 네트워크를 강화하는 한편, 연구, 교육을 비롯해 워크숍, 세미나, 콘퍼런스 개최 등의 활동을 진행해 왔다. 누어 막수랏은 부매니저로서 현재 '여성의 재생산건강 및 권리 새로 쓰기'라는 프로젝트를 맡아 운영하고 있다.

의사였던 누어의 어머니는 주변의 도움이 필요한 여성들과 아이들을 돕고, 건강권의 증진을 위해 많은 애를 쓰면서 살아오셨다고 한다. 어머니의 삶과 활동을 보면서 누어 역시 자연스럽게 여성 이슈에 관심을 가지게 되었다. 그녀는 성차별적 문화가 어떻게 청소년들의 삶에 영향을 미치는지 알게 될수록 이를 바꾸고자 하는 신념이 깊어졌다고 말한다. 아쉬운 것은 정작 어머니는 누어의 직업을 탐탁하게 여기지 않는다는 것이다.

"방글라데시 사람들은 NGO에서 일하는 사람, 특히 여성을 좋지 않게 보는 시선이 있어요. 그런 여성은 특별히 할 일도 없고 명예도 없는, 시끄럽고, 설치고, 교만한 사람이라고 흔히 생각해요. 그렇기 때문에 저희 어머니도 제가 NGO에서 일하는 것을 별로 좋아하지 않으셨어요. 그렇지만 제가 경제적으로 독립한 자식이었기에 제 결정을 존중해주셨어요."

방글라데시에서는 2013년 라나 플라자(Rana Plaza) 건물 붕괴로 인해 1,400여 명의 노동자가 사망하고 그보다 더 많은 수의 사람들이 큰 상해를 입는 일이 발생했다. 사건 발생 이후 누어는 재해 지역 사회의 재건과 안전을 연구하는 연구팀에서 활동했다. 그녀는 인류학적 방법론을 적용해 이 연구가 더 충실한 내용을 담을 수 있도록 노력했으며, 이 과정에서 자신의 연구가 지역 주민들이 재해 피해를 극복하고 자신들의 삶을 복원하는 데 작지만 의미 있는 기여를 했다고 믿는다.

누어는 EGEP 참여를 통해 아시아 지역의 여성 이슈와 인권 문제에 대한 이해의 폭을 넓히기를 기대하고 있다. 아시아의 다른 나라 상황에 대해 많이 알지 못하는데, EGEP에 참여함으로써 아시아의 다양한 맥락과 이슈, 그리고 변화를 위한 여성주의적 개입과 전략을 고민해 볼 수 있는 좋은 기회가 될 것이라고 믿기 때문이다.

리니 줄리아

누 자피파 크마룬자만

호앙 티 후옹

소마야

세르나 마요르도모 마 플로라 메이

팜 티 민 항

파라 예로 세빌라

베엔 베텔헴 멘기스투

루두비나 고메스 핀토 페르난데스

라지 쿠마리 구룽

타미나 허크

누르 하즈와니 후신

심현정

쇼록 이사 샷나와이

술토노바 무노이앗 유누소브나

팔리타 타파

오경진

아베이 아케마슈 게타훈

니야맛 빈드라

띤리 초든

타히라 칸

트리아나 코말라사리 레즈키

스미타 마가

3장

침묵하지 않는 목소리가 변화를 만든다

© 김나연

침묵을 깨는 목소리가 많아질수록 사회 변화는 가까워진다

리니 줄리아

Lini Zurlia

인도네시아

여성액션위원회
(Komite Aksi Perempuan,
KAP)

미디어 캠페인 담당관

8기 EGEP 수료

할아버지와 아버지 모두 종교 지도자였던 매우 엄격한 이슬람 전통을 따르는 가정의 큰딸로 태어난 리니 줄리아는 어려서부터 근본주의적 종교관이 가지고 있는 반여성적 성격을 목격했으며 이로 인해 가족관계에서 종종 갈등을 겪곤 했다. 사촌 여동생이 성폭력을 당했는데, 가해자는 아무런 처벌을 받지 않고 피해자였던 사촌 여동생이 오롯이 고통의 짐을 안고 살아야 했던 모습을 보면서, 그리고 이 사건에 대해 가족 내에서 한 번도 적절히 이야기가 되지 않는 것을 보고 큰 충격을 받았다고 한다. 여성주의적 문제의식과 가족의 종교적 전통 사이에서 힘든 시간을 보내던 그녀는 대학에 진학한 후 여성을 동등한 존재로 해석하는 진보적 이슬람 교리를 접하게 되었다. 기존의 이성애적 규범을 받아들이지 않는 점 또한 그녀가 여성주의 활동가가 되는 중요한 동기의 하나였다.

영 페미니스트로 반성폭력 운동과 성 소수자 인권 활동에 관심이 많은 리니는, 인도네시아 사회에서 여성에 대한 폭력 원인 중 하나를 종교에서의 여성 혐오에서 찾는다. 그녀는 인도네시아 '여성액션위원회(KAP)'에서 미디어 캠페인 담당관으로 활동하고 있다. 성폭력 반대를 위해 다양한 캠페인을 벌이는 한편, 성폭력 반대를 주제로 '침묵을 깨는 목소리'라는 제목의 시 모음집을 출판했다. 이 시집은 SNS와 온라인 커뮤니티를 통해 여러 여성주의자들과 함께 만든 것이라는 점에서 더욱 특별하다.

"많은 여성주의자들이 이 기획에 참여했어요. 스스로 시를 쓰기도 하고, 자신에게 힘이 되었던 시들을 함께 나누기도 하면서요. 서로 만난 적도 없는데 모두 여성에 대한 폭력 근절과 피해자 지원이라는 공동의 목표로 함께하게 된 거예요."

리니는 이슬람의 종교적 관점 안에서 여성들뿐 아니라 비이성애적 성적 지향을 가진 사람들에 대한 인식을 확장시키는 것에도 깊은 관심을 가지고 있다. 여성주의는 리니에게 비이성애자 여성으로서 다른 방식의 삶이 가능하다는 것을 알게 해주었고, 이제 여성 운동가로서 그녀는 다른 여성들과 함께 그 길을 가고자 한다.

여성주의 지식의

대중적 확장과

실천을 위하여

누 자피파 크마룬자만

Nur Zafifa Kmarunzaman

말레이시아

말레이시아 세인즈대학교 여성발전연구센터 (Centre for Research on Women and Gender (KANITA), USM)

연구원

7기 EGEP 수료

누 자피파 크마룬자만은 말레이시아 세인즈대학교 여성학과 박사과정 중에 있으며, 동 대학 여성학 연구센터인 '여성발전연구센터'에서 연구원으로 활동하고 있다. 젠더적 관점에서 연구를 진행하는 것을 기본 업무로 하며, 그 외에도 센터에서 진행되는 다양한 정책 제안 활동을 보조하면서 학계의 울타리 밖에서 이루어지는 여성주의 실천의 다양한 관점들을 배우고 있다.

누는 클랑(Klang) 일반병원에 소속되어 있는 의료복지 부서에서 일을 했던 시간이 매우 보람 있었다고 말한다. 당시 그녀의 역할은 '원스톱위기센터(One Stop Crisis Center)'와 연계되어 병원으로 이송된 응급 환자 사례들을 처리하는 것이었는데 당시 환자들의 대부분은 폭력 피해를 입은 여성과 아동이었다. "우선은 폭력 피해 여성들, 아동들의 이야기를 잘 들어야 했어요. 그들의 이야기를 통해 그들이 처한 상황을 이해하고, 그들에게 필요한 복지 서비스를 제공하는 역할을 했죠. 폭력 피해자/생존자들에게 실질적인 도움을 주는 일이라는 점에서 매우 보람 있었어요." 그녀는 이러한 경험을 통해 자신의 여성학적 지식과 고민이 현장에 있는 사람들과 만나면서 더욱 깊게 발전할 수 있었다고 한다.

이후 대학원에서 여성학을 체계적으로 배우고 있는 그녀는 최근 강연 경험을 예로 들어 학계의 울타리 밖에서 이루어지는 여성주의적 지식의 확장에 대해 설명한다. "최근 일반병원의 정신과 의사들을 대상으로 '연구 설계의 패러다임으로서의 질적 연구 방법론'에 대해 강연을 할 기회가 있었어요. 정신과 의료 지식들이 대부분 양적 방법론에 기반을 두고 있기 때문에, 여성주의적 지식 방법론에 대한 그들의 의구심, 질문, 비판들로 강연의 열기가 뜨거웠어요." 그녀의 강연은 정해진 질의응답 시간을 넘길 정도로 열띤 토론으로 이어졌다. 이러한 경험은 여성주의자/연구자로서 학계, 여성학의 경계를 넘어 여성주의적 관점을 확산시키는 일에 대한 자신의 확신을 더욱 단단하게 만들어주는 계기가 되었다고 한다. 그녀는 EGEP에서 만나는 아시아·아프리카 여성 활동가들을 통해 지구촌의 여러 국가들에서 이루어지고 있는 실천적 여성학의 내용에 관해 좀 더 배우고 싶다는 마음을 전했다.

지역 활동을 정책 제안의 차원으로 확장

호앙 티 후옹
Hoang Thi Huong

베트남

젠더와 지역 개발 네트워크
(Gender and Community Development Network)

프로젝트 코디네이터

7기 EGEP 수료

호앙 티 후옹은 '젠더와 지역 개발 네트워크'에서 프로젝트 코디네이터로 활동 중이다. 이 단체는 2005년에 하노이를 기반으로 설립된 비정부단체로 성 평등과 지역 개발을 위해 힘쓰고 있다. 특히 정책적 측면에서 적극적으로 개입함으로써 성 평등을 촉진하고자 하며, 젊은 젠더 전문가를 양성하고 젠더 교육 자료를 개발할 계획을 가지고 있다. 호앙의 업무는 단체 내외부적으로 의사소통을 원활하게 하여 사업 진행 효율을 증진시키는 것에 초점이 맞춰져 있다. 그 외에도 단체 사업 전반에 대한 관리, 감독, 평가의 역할을 수행하고 있다.

호앙은 지역적 차원에서 효과적인 여성 운동에 대한 자신의 성찰을 세 가지 측면에서 설명한다. 첫째, 다양한 사회운동단체들과의 연대 사업을 효과적으로 수행할 수 있어야 한다. 그녀는 최근 연대 사업을 진행하면서, 결국 연대의 성패는 효과적인 의사소통의 구조를 만드는 데 달려 있음을 배울 수 있었다고 한다. 이를 위해 각 단체의 요구와 비전을 명확히 이해하고 난 이후에 구체적인 프로젝트를 진행할 필요가 있다고 설명한다. 둘째, 남성과 10대의 참여를 이끌어내는 것이 결국 여성 운동의 활성화에 큰 역할을 한다는 것이다. 그녀의 경험에 의하면 음악, 전시회 등과 같은 다양한 방식으로 젊은 연령층을 운동의 장으로 끌어오는 것이 유효한 전략이었다고 한다. 마지막으로, 대중 매체와 긴밀한 관계를 유지하고 이를 적극적으로 활용할 필요가 있다. 그를 통해 각 프로젝트의 성과를 더욱 대중적으로 공유할 수 있기 때문이다.

그녀의 경우 '젠더와 지역 개발 네트워크'에서 활동하면서 쌓인 노하우가 정책 개발 및 제안을 주도하는 성과로 이어졌는데, 특히 정책을 검토하고, 대안적인 제안을 제시하고, 실질적인 변화를 이끌어내는 시간이 매우 보람 있었다고 한다. 또한 호앙은 지역 운동의 확장으로서의 정책 제언은 아시아 여성 연대로까지 이어질 수 있다고 생각한다. 그녀는 EGEP를 통해 다른 아시아 국가의 여성 이슈에 대한 지식을 확장함으로써 베트남의 성 평등을 위한 정책 제안들을 더욱 효과적으로 만들어갈 수 있을 것으로 기대한다고 말한다.

아프가니스탄 여성들을 위한 소셜 미디어 투쟁

소마야

Somaya(필명)

아프가니스탄
프리랜서 기자
7기 EGEP 수료

© 아시아여성학센터

코다 바크쉬의 딸 소마야는 EGEP에 참가하는 동안 본명 대신 필명으로 불리기를 원했다. 개인적인 신변의 위협 때문에 스웨덴에서 거주 중인 소마야는 아프가니스탄의 전통적인 마을 출신으로 대가족 구성원 중 유일하게 히잡을 쓰지 않았던 여성이었다고 한다.

그녀는 현재 스웨덴에서 프리랜서 기자로 활동하며 여러 뉴스 에이전시를 통해 아프가니스탄 관련 뉴스/소식을 전하는 리포터로 활약하고 있다. 특히 온라인을 통한 아프가니스탄 여성의 인권 향상에 관심이 많아서 페이스북이나 개인 블로그 같은 소셜 미디어를 통해 자신만의 방식으로 사회투쟁 운동을 진행하고 있다.

특히 아프가니스탄 여성의 인권에 대한 그녀의 관심은 한 10대 성폭력 피해자 소녀의 자살 사건에 대한 지속적인 문제 제기 활동으로 이어졌다. 이 소녀는 국회의원에게 성폭력을 당했는데, 가해자의 정치적 권력으로 인해 오히려 피해자가 자살하는 상황을 초래했다. 소마야는 이외에도 카불 지역의 사회 운동가들과 함께 파키스탄의 인종 집단 학살에 반대하는 활동, 종교적 소수자로 탄압받고 있는 힌두교도들을 지원하는 활동, 카불대학교에서 벌어지고 있는 부정의함에 맞선 대학생들의 단식투쟁을 지원하는 활동 등 다양한 이슈에 관심을 기울이며 자신의 삶과 아프가니스탄의 여러 사회투쟁 현장들을 긴밀히 연결하려고 노력하고 있다.

이러한 활동들의 성과로 최근 전국 아프가니스탄 소셜 미디어 회담(Hamgam 2014)에서 온라인 연설을 해달라고 초대를 받은 바 있다. 또한 여성의 권리와 사회적 도전이라는 주제로 6년째 계속 작업해오고 있는 소마야의 블로그는 2013년 독일 도이체 벨레(Deutsche Welle)가 주최한 행사에서 글로벌 베스트 상을 수상했다.

"저는 제 블로그가 아프가니스탄 여성의 목소리를 가시화하는 매우 효과적인 방법이라고 믿어요. 이를 통해서 전 세계에 아프가니스탄 여성이 직면하고 있는 도전과 기회에 대한 논의를 확장시키고 싶은 바람을 가지고 있어요." 소셜 미디어를 활용해서 할 수 있는 사회적 투쟁 방식은 너무나 다양하다고 말하는 그녀를 보며 아프가니스탄에 변화의 바람이 불 수 있기를 기대해본다.

여성주의와 개발 담론의 새로운 만남

세르나 마요르도모 마 플로라 메이

Cerna Mayordomo Ma Flora May

필리핀

아시아재단 (The Asia Foundation) 컨설턴트

7기 EGEP 수료

세르나 마요르도모 마 플로라 메이는 '아시아 재단'에서 컨설턴트로 활동하고 있다. '아시아 재단'은 '평화적, 번영적, 정의로운 열린 아시아-태평양 지역의 개발'이라는 비전 아래 설립된 국제적인 비정부기구이다. 단체의 주요 관심 영역으로는 정부 정책과 법, 여성의 역량 강화, 경제적 재편과 개발, 지속 가능한 개발, 그리고 국제관계 증진을 들 수 있다. 현재 교육 재편 프로젝트의 리더로서 필리핀의 교육 문제와 관련된 활동을 하고 있는 세르나는 궁극적으로 남성 중심적 개발 담론을 넘어서 여성주의와 개발 담론의 새로운 만남에 대해 관심을 갖고 있다.

세르나는 "저에게 여성주의는 이론이 아니라 생활 속에서 체험했던 성차별적 경험들 속에서 이해되었어요"라고 자신의 이야기를 풀어냈다. 교육 과정과 직업 영역 속에서 늘 압도적으로 많은 수의 남자 동료들과 함께했던 경험은 그녀로 하여금 여성으로서의 정체성을 고민하게 만들었다. 이후 영국에서 개발학 석사과정을 이수했던 시간은, 경험으로서 체험했던 여성 정체성의 인식이 확장되는 계기가 되었다. 남성 중심적 개발 담론을 비판하는 데 여성주의적 관점이 매우 유효한 틀임을 배울 수 있었고, 어떻게 여성주의적 개발에 대한 구체적인 실천들을 만들어낼 것인가에 관심을 갖게 되었다. 여성주의적 개발은 앞으로도 그녀에게 매우 중요한 의제이기에 연구자와 운동가로서 본인의 활동 속에서 계속 갖고 가야 하는 과제라고 말한다.

"저는 성 소수자로, 레즈비언 여성으로 제 자신을 드러내는 것이 변화의 작은 시작이 될 수 있을 거라고 생각해요." 세르나는 본인의 직업적 역량 속에서 젠더와 섹슈얼리티 이슈를 어떻게 주류화시킬 수 있을 것인가에 대한 고민은 성 소수자로서 자신의 정체성을 주변 동료들에게 드러내는 것으로 시작되었다고 말한다. 필리핀에서는 여전히 주변화되고 비가시화되어 있는 성 소수자들의 상황을 염두에 두었을 때, 직업인으로서 그리고 활동가로서 자신이 LGBT의 롤모델이 되었으면 좋겠다는 바람을 드러냈다. 또한 그녀는 EGEP에서의 배움과 다른 여성 활동가들과의 만남을 통해 자신이 새롭게 변화하고 성장할 것을 굳게 믿고 있다고 말한다.

여 성 주 의 연 구 활 동 은

사 회 변 화 를 만 드 는

실 천

팜티민항

Pham Thi Minh Hang

베트남

젠더·가족·환경 개발
연구센터(Research Centre
for Gender, Family
and Environment in
Development)

부소장

7기 EGEP 수료

© 아시아여성학센터

팜 티 민 항은 '젠더·가족·환경 개발 연구센터'에서 연구자 및 부소장으로 활동 중이다. '젠더·가족·환경 개발 연구센터'는 여성과 개발, 그리고 성 평등이라는 비전을 가지고 1993년에 설립된 비정부 연구기관이다. 연구 활동을 통해 단순 지식의 생산이 아니라 적극적으로 현실 변화를 이끌어내고자 하며, 이는 여성주의 연구, 개입 및 적용, 교육, 그리고 출판이라는 4개의 중점 영역을 통해 잘 드러난다. 팜은 단체의 사업 전반에 걸친 전략 수립 및 활동 지원 책임을 맡고 있으며, 활발한 연구 활동을 계속해오고 있다.

팜은 베트남에서 여성 연구의 선구자인 르 띠 남 투엣(Le Thi Nham Tuyet) 교수와의 작업이 젠더 연구자로서 자신의 꿈을 키우게 된 중요한 계기가 되었다고 말한다. 또한 베트남에서 2007년에 성 평등 관련 법제화가 완료되었으나, 그와 달리 여전히 산재해 있는 여성 이슈들을 목도하면서 젠더 연구자로서의 꿈을 더욱더 단단히 키워왔다. 그녀는 연구센터에서 연구자로 활동하면서 그간 많은 연구 업적을 발표했는데, 전체 연구를 관통하는 주제는 인권의 관점에서 성 평등을 실천적으로 재사유해야 한다는 것이다.

팜이 최근 진행하고 있는 연구는 '베트남 여성과 소녀들을 위한 안전 도시' 프로젝트이다. 연구에 따르면 베트남 여성과 소녀들은 공적 공간에서 안전하다고 느끼지 못하고 항시적인 위협감에 위축되어 있다. 이는 성적 농담과 희롱, 그리고 신체적 접촉으로 많은 여성과 소녀들이 공적 영역에서 자유롭게 활동하기 어렵다는 것을 의미하는데 그녀는 이러한 성문화를 변화시키는 것이 시급한 일이라고 지적한다. '도시 공간에서 성별에 따른 안전의식'에 관한 팜의 연구는 베트남에서 최초로 시도되고 있는 연구라는 점에서 의미가 크다. 이처럼 그녀의 연구는 구체적인 실천과 여성주의의 개입을 제안하고 있는 젠더 연구라는 점에서 언제나 지식과 현실의 경계를 문제화하고 있다.

팜은 EGEP에 참가한 것이 여성과 젠더 이슈에 대한 현재의 일에 더 풍부한 경험과 시각을 가져다줄 것으로 생각하고 있다. 특히 아시아 지역 여성들과의 연대의 경험이 베트남에서 진행하고 있는 여러 프로젝트와 연구 작업에 많은 영감과 아이디어를 줄 것으로 기대한다.

필리핀 대규모 광산 개발 반대 운동을 이끄는 여성들

파라 예로 세빌라

Farah Yerro Sevila

필리핀

광산개발반대연합
(Alyansa Tigil Mina)

정책 연구 및 애드보커시 담당자

7기 EGEP 수료

파라 예로 세빌라는 필리핀 '광산개발반대연합'에서 정책 연구 및 애드보커시 담당자로 2010년부터 활동 중이다. '광산개발반대연합'은 필리핀의 대규모 광산 개발 정책에 반대하는 개인들과 단체들의 연합체로 2005년에 설립되었으며, 자연자원에 대한 지속 가능한 개발 정책 추진을 위해 활동하고 있다. 파라는 무분별한 광산 개발에 반대하는 정책과 관련한 연구를 진행하면서 정책 제안 마련과 더불어 지역 주민들과 소통하고 그들의 의견을 수렴하는 일을 담당하고 있다.

파라는 필리핀대학교에서 도시·지역 개발 학사과정을 마치고 환경 및 자연자원, 복지 및 개발 관련 정부 부처에서 일했다. "저는 한 집안의 딸이고, 아이의 엄마이며, 환경주의자이고, 그리고 개발 활동가입니다. 그리고 무엇보다도 여성 활동가이죠. 제가 친환경적 자연 개발이라는 이슈에 관심을 기울이면서 알게 된 것은 지역 주민들의 삶의 경험이 대안적 정책 마련에 필수적이라는 것이에요. 그중에서 여성들의 경험, 특히 토착 여성들의 경험은 저에게 너무나 많은 교훈을 주었어요."

파라에게 친환경적 정책 개발과 여성 관점은 매우 긴밀히 연결되어 있는 이슈이다. 현재 대규모 광산 개발 정책으로 필리핀의 많은 지역의 주민들은 삶의 터전을 잃어가고 있다. 광산 개발 정책에 반대하는 주민들의 목소리는 땅과 물, 그리고 삶의 터전을 지키고자 하는 노력들로 가시화되고 있지만 주민들의 목소리 안에서 여성들의 목소리는 상대적으로 덜 알려져 있다. 그중에서도 토착 여성들의 목소리는 이중의 어려움 속에 갇혀 있다 "토착 여성들은 두 가지 어려움에 처해 있어요. 첫째는 토착 여성들의 목소리는 더 발전된 도시인들의 목소리에 주눅 들어 쉽게 울려 퍼지지 않는다는 것, 둘째는 지역 커뮤니티 내부의 성 역할에 의해서 한층 더 움츠러들게 된다는 거예요." 그녀는 토착 여성들의 경험을 드러내기 위해 그들의 목소리를 모아 두 권의 책을 출판했다.

파라는 EGEP 참가 경험이 개발 활동가로서 자신의 역량을 강화해줄 것이라고 기대한다. "다양한 여성들에게서 듣는 지역의 이슈들은 개발이라는 저의 관심을 확장시켜주었어요. EGEP 참가를 통해 저는 더욱 열린 마음을 가진 활동가로, 더욱 창의적인 생각을 품고 있는 사람으로 성장할 수 있을 것으로 기대합니다."

© 김나연

여성 인권을 위한
액티비즘이
사회 변화를 이끌다

베옌 베텔헴 멘기스투

Beyene Betelhem Mengistu

에티오피아

국제구조위원회
(International Rescue Committee)

여성보호 및 역량 강화 담당관

8기 EGEP 수료

에티오피아 '국제구조위원회'는 심각한 인도주의적 위기 상황에서 피해 생존자를 지원하는 국제기구로, 베옌 베텔헴 멘기스투는 이 단체에서 여성보호 및 역량 강화 담당관으로서 젠더 기반 폭력 종식, 여성 인권 향상, 여성 역량 강화 등을 위해 힘쓰고 있다. 또한 변호사로서 피해 생존자들에게 법적 지원 및 자문을 제공하고 있으며, 난민 지원 활동도 하고 있다.

"피해자들을 위한 법적 지원이 있다고 해도 피해자들이 가족과 친척, 친구들과 같은 주변인들의 의심 어린 시선 등으로부터 지속적으로 고통받는다는 것을 알게 되었어요. 폭력의 문제를 어떻게 해결할 것인가에 대한 고민이, 법의 테두리를 넘어서는 영역까지 확장되는 시간이었어요."

베옌은 학부에서 법학을 공부하고 졸업 후 시민단체에서 법률자문 자원 활동가로 시작해 여성 활동가로 성장했다. 피해 생존자와 난민들의 삶을 가까이 접하면서 여성폭력의 현실을 체감하게 되었다고 한다. 법률 상담을 하면서, 가해자로부터의 협박과 보복에 대한 두려움, 피해 생존 여성에 대한 낙인과 차별, 커뮤니티의 지원 부족 등을 목도했다. 뿐만 아니라 법률 지원을 받기 위해 백방으로 노력했던 피해 생존자가 가족과 커뮤니티의 압력에 못 이겨 소송을 취하하는 모습을 보면서, 그리고 자신의 가까운 지인 또한 폭력 피해로 고통받고 있었다는 사실을 알게 되면서 세상을 바라보는 인식의 변화가 생겼다. 여성에 대한 폭력을 해결하기 위해서는 법적 지원뿐 아니라, 심리적, 사회적, 경제적, 그리고 정치적 지원 체계의 수립이 필요하다는 것을 인식하게 되었다고 말한다. 베옌은 여성폭력 문제를 해결하기 위한 더욱 폭넓은 활동들을 기획하고 있다. 그녀는 가부장적 사회에 살고 있지만, 여성 인권 향상을 위한 활동이 확장되고 지속되면 변화를 가져올 수 있다고 믿는다. 불평등이 여성의 삶을 힘들게 하고 원하는 것을 이루지 못하게 하지만, 자신의 활동이 액티비즘을 만들고 보다 평등하고 나은 사회로 변화하는 데 일조할 것이라고 믿는다.

베옌은 여성에 대한 폭력 근절과 예방에서 한 걸음 더 나아가 여성 역량 강화의 중요성을 강조한다. 그래서 그녀는 지역 공동체인 '세타위크(Setaweek)' 여성 운동 모임을 통해 에티오피아 최초의 여성주의 도서관 건립을 위한 구체적인 노력을 시작하고 있다.

동티모르 소녀들의

더 나은 미래를

꿈꾸다

루두비나 고메스 핀토 페르난데스

Luduvina Gomes Pinto Fernandes

동티모르

동티모르 YWCA
(YWCA Timor-Leste)

부회장

8기 EGEP 수료

© 김나연

루두비나 고메스 핀토 페르난데스는 배움에 대한 열망이 있고 또 이를 위해 자신이 할 수 있는 최선을 다했지만, 고등학교 졸업 후 아버지는 루두비나에게 경제적인 이유로 대학 진학을 포기하라고 했다. 그러나 그녀는 학업을 지속하고 싶다는 열망에 결국 돈을 모아 대학에 진학했다. 또 기회가 되어서 일본, 호주, 스위스 등에서 개최되는 여러 국제 프로그램에도 참여할 수 있었다. 특히 스위스에서 개최된 YWCA에 참석했을 때 여성 청소년을 대상으로 한 다양한 교육·훈련 프로그램에 강한 인상을 받고 동티모르에 돌아와 YWCA를 설립하기 위해 많은 노력을 기울였다. 그녀는 새로운 기관 설립에 관한 아이디어와 경험을 나누었던 것이 활동가로서 자신의 큰 자산이라고 생각한다.

루두비나는 여성 활동가로서 가장 중요한 것 중 하나가 여성이 직면한 현실, 다시 말해 여성이 경험하고 있는 것은 무엇인지, 커뮤니티에서 여성이 어떤 환경에 처해 있는지를 파악하고 이해하는 것이라고 말한다. 자신을 '아시아 여성으로서의 동티모르 첫 세대'라고 소개하며, 식민지 시대에 많은 소녀들이 특히 여성의 섹슈얼리티에 대한 잘못된 정보와 이중 잣대로 인해 고통받는 모습을 목격했다고 말한다. 이들은 HIV/AIDS에 대한 사회적 터부와 감염에 대한 두려움을 동시에 갖고 있다. 그렇기에 더욱 교육이 필요하다고 그녀는 힘주어 말한다. 그리고 이러한 교육과 훈련 프로그램의 확대와 활성화를 위해 동티모르 YWCA 설립에 함께하게 되었다고 한다.

"어린 소녀들은 지속적인 교육을 받지 못하는 경우가 많아요. 그에 따라 자신의 경제적 자립을 이룰 수 있는 기술을 취득하지 못한 채 결혼을 하게 되는 거죠."

루두비나는 소녀들이 자신의 삶을 계획하기보다는 어린 나이에 결혼을 하게끔 강요하는 사회 전반의 문화에 대해 강한 문제의식을 가지고 있다. 소녀들이 결혼만을 강요당하기에 다른 기술이나 역량을 키울 수 있는 기회를 잃고, 그렇기 때문에 직업을 가지고 경제적으로 자립하고 주체적으로 성장할 수 있는 기회를 갖지 못하는 악순환을 겪고 있다는 것이다. 그녀는 자신의 삶의 경험을 나누며, 여성 청소년들이 자신을 위해 더 나은 미래를 계획할 수 있도록 도움을 주고 싶다는 희망을 이야기한다.

네팔 여성 활동가의

새로운 롤모델을

만들어가다

라지
쿠마리 구룽

Raj Kumari Gurung

네팔

액션에이드 인터내셔널 네팔
(ActionAid International Nepal)

컨설턴트

8기 EGEP 수료

© 김나연

'액션에이드 인터내셔널 네팔'은 빈곤 종식과 정의 실현을 위한 다양한 활동을 펼치는 국제기구로, 특히 여성 인권, 교육권, 토지주권, 식량권 확보와 향상이 주요 의제이다. 라지 쿠마리 구룽은 '액션에이드 인터내셔널 네팔'의 30여 년 활동 역사에서 최초의 여성 지역담당관이다. 이전까지는 모두 남성이 담당했던 역할을 그녀가 맡아 성공적으로 수행함으로써 여성 활동가의 길을 새롭게 열었으며, 지역의 많은 단체들과 성공적인 연대 활동을 한 성과를 인정받아 현재는 컨설턴트로 일하고 있다.

"어린 시절 가족들로부터 여성에 대한 일상적 차별을 받아왔어요. 예를 들어 남자 형제들은 공부할 시간에 저와 다른 자매들은 일을 먼저 끝내야 했죠. 먹거리에서부터 옷과 같은 물질적 혜택도 모두 남자 형제들에게 우선적으로 돌아갔어요. 버스를 타거나, 혹은 길거리를 걸어가면 빈번히 성추행이 일어났어요. 심지어 학교에서도 그랬지요."

라지는 어려서부터 여성차별과 성폭력을 주변에서 어렵지 않게 보고 경험했으나, 이러한 차별과 성폭력에 대해 침묵하는 것을 '당연'하게 받아들였다고 회고한다. 그러나 라지는 '액션에이드 인터내셔널 네팔'에서 활동하면서 여성주의를 접하게 되었고 그 이후 일상적인 차별과 성추행, 성폭력에 대해 문제를 제기할 수 있게 되었다. 그녀는 자신이 겪어온 일상화된 여성차별과 성폭력의 경험이 결과적으로 여성주의자로 성장하게 된 씨앗이 되었다고 이야기한다.

라지는 EGEP에 참가해 네팔 사회의 '마녀사냥' 이슈에 대해 발표를 했다. 네팔에서는 여성들을 '마녀'로 고발해 공동체로부터 격리시키고 폭력을 행사하는 '전통'이 아직 남아 있는데, 그녀는 이를 문화적 이슈인 동시에 젠더 이슈라고 강력하게 주장한다. 마녀 고발을 전통의 일부로 인식하는 동시에 마녀라는 낙인이 찍히는 것을 두려워하는 문화가 작용하고 있다는 것이다. 라지는 앞으로 아시아 여성주의자 네트워크를 강화하고 네팔에서의 활동 역량을 키우고 싶다는 비전을 갖고 있다. 기관 내에서 컨설턴트라는 직위는 의사결정을 할 수 있는 상급 포지션으로 라지는 네팔 내 여성 활동가들의 롤모델로서 새로운 장을 열어가고 있다.

성 차 별 · 성 폭 력 에

침 묵 하 지 않 고

대 항 하 기

타미나 허크

Tahmina Huq

방글라데시

플랜 인터내셔널 방글라데시 (Plan International Bangladesh)

젠더 담당관

8기 EGEP 수료

© 김나연

'플랜 인터내셔널'은 가장 오래된 아동 개발 국제기구 중 하나로, 아시아, 아프리카, 미주 지역의 51개국 개발도상국에 설립되어 있다. 타미나 허크는 방글라데시 사무소에서 젠더 담당관으로 일하고 있다.

타미나는 학부와 대학원에서 법학을 공부하고 민족, 인종, 종교, 성별 등에 상관없이 취약계층의 권리를 향상하기 위해 10년 이상 활동해왔다. 방글라데시에서는 아직도 여성에 대한 성폭력, 조혼, 강제결혼을 어렵지 않게 볼 수 있는데, 그녀는 이러한 여성에 대한 폭력이 종교적 이데올로기와 자본 교환이 작동한 산물이라고 주장한다.

"일상생활 속에서 여성들은 집적거리기(teasing), 몸 만지기(bad touching), 스토킹 등 여전히 숱한 성희롱, 성폭력을 겪고 있습니다. 예를 들어, 여성이 청바지와 티셔츠를 입고 길을 다닌다거나 밤늦게 다닐 때 특히 이런 상황들이 더욱 심해지죠. 소녀들과 여성들에 대한 만연한 성폭력 역시 여성 운동의 적극적 개입을 요청하는 상황이고요. 이러한 개별 사안들을 해결하는 일도 매우 중요해요. 그와 동시에 잊지 말아야 할 것은, 이러한 차별과 성희롱·성폭력의 문제를 전통 문화 혹은 특정한 종교적 가치로 무화시키는 남성 중심적 사회 분위기에 대한 문제 제기입니다."

타미나는 지난 2006년 한 시골 마을에서 강간 피해를 당한 생존자 지원 사례를 예로 들었다. 당시 그녀를 지원하면서 수도인 다카로 이주해 학업을 지속할 것을 권유했으나 거절당했다. 4년 뒤 생존자가 다카로 이주해 학업을 지속하고자 했으나 가족들의 만류로 인해 학업을 포기하고 마을로 돌아가게 되었다. 그러나 2년 뒤 피해자는 결혼을 종용하는 가족들의 압력에서 벗어나 다시 도움을 요청해왔고 결국 학업을 지속하게 되었다. 3년 후 졸업을 한 생존자는 현재 여성운동단체에서 성폭력 피해자 지원 활동을 하고 있다.

타미나는 여성의 권리 증진 및 성 평등 실현을 위한 여성 운동의 개입이 필요한 방글라데시의 상황에서 근본적인 변화를 이끌어내기 위해서는 여성차별, 성희롱·성폭력을 묵과하게 만드는 사회 분위기를 개선해야 하며, 여성이 새로운 미래를 스스로 개척할 수 있도록 지원하고 여성의 역량을 강화시키는 것이 중요하다고 힘주어 말한다.

말레이시아 페낭의 참여적 성인지 예산 실천

누르 하즈와니 후신

Nur Hazwani Husin

말레이시아

페낭 여성개발단체
(Penang Women's Development Corporation)

프로젝트 담당자

9기 EGEP 수료

© 김나연

'페낭 여성개발단체'는 말레이시아 페낭 지역의 성 평등을 촉진하고 인종, 종교, 젠더, 사회경제적 배경에 따른 차별을 해소하기 위한 일을 한다. 누르 하즈와니 후신은 이 단체에서 '참여적 성인지 예산(Gender Responsive and Participatory Budgeting)' 프로젝트를 담당하고 있다.

누르는 지역단체들이 참여적 성인지 예산을 기획하고 수행할 수 있도록 교육하고 컨설팅하는 업무를 맡고 있다. 여전히 문화적으로 성 평등에 대한 사회적 인식이 낮고, 젠더 역할에 대한 고정관념이 높은 페낭 사회에서 성인지 예산의 필요성을 설득하는 것은 그리 쉬운 일이 아니다. 그녀의 가장 큰 목표 중 하나는 페낭 지역에서 성인지적 예산을 법제화하는 것이다. "2012년부터 2014년까지 성인지 예산 사업을 진행하면서 지방정부와 지역 공동체를 대상으로 일을 했어요. 공공영역에서 성인지 예산을 제도화하는 것이 목표예요."

정치학을 전공한 누르는 이 단체에서 일을 시작하기 전에는 페미니즘이나 여성 문제에 대해 잘 알지 못했다고 회고한다. 평범한 가정에서 성장한 그녀는 말레이시아 문화에서 이슬람 여성으로 성장하면서 남자들이 먼저 밥을 먹고, 여자들에게 밤 외출을 금하는 것을 '자연스러운' 일로 여겼다. 그녀가 여성에 대한 차별과 억압이 가부장제 시스템과 사회적 규범의 구조적 문제라는 것을 인식하게 된 것은 말레이시아 페미니스트 캠프(All Women's Action Society Feminist Camp) '에 참여하면서부터였다.

이제 그녀의 삶에서 여성 문제는 가장 큰 관심사고 열정을 불러일으키는 화두다. 누르는 '여성의 역량 강화'를 주제로 석사학위 논문을 쓸 만큼 스스로 성장해가고 있다고 말한다. 한 아이의 엄마로, 여성 활동가로, 그리고 여성학 연구자로 바쁘게 살아가고 있는 그녀에게 일과 가족, 학업은 모두가 여성 활동가로서 자신의 신념을 실천하는 영역이다. 그녀는 비록 짧은 시간이지만 이화에서의 EGEP 경험이 자신의 시야를 더욱 넓혀주는 계기가 되었다고 말한다. 페낭 지역을 넘어서 다양한 활동 영역에 있는 여성주의 활동 전문가들과 각국에서 온 친구들과 나눈 대화는 그녀의 일과 삶에 있어서 큰 자극과 도움이 될 뿐만 아니라, 서로가 가진 경험을 나누며 함께 성장하는 시간이었다.

올바른 젠더 인식과 성문화 교육이 중요해요

심현정

Shim Hyunjung

한국

동국대학교 학생심리상담센터
양성평등상담소
(The Gender Equity Center
of Dongguk University)

상담 전문가

7기 EGEP 수료

"한국 사회에서 대부분의 여성들은 공적 공간에서의 남성 성기 노출로 인한 성희롱 경험이 있을 거예요. 너무나 많은 여성들이 어린 시절부터 반여성적인 성문화를 몸으로 경험하며 성장하는 거죠. 매우 심각한 문제라고 생각합니다." 심현정은 한국 사회에서 여성에게 가해지는 성적 차별과 폭력에 대한 문제의식을 가지고 대학원에서 형사학을 전공했으며 졸업 후 '동국대학교 학생심리상담센터 양성평등상담소'에서 상담사로 활동하고 있다. 그녀가 일하는 양성평등상담소는 학내 성 평등 이슈를 담당하고 있으며, 성 평등 증진 캠페인, 성 평등 교육, 성폭력 예방 교육, 성폭력 문제 해결 등의 일을 한다. 그녀는 상담소 활동 전반의 프로젝트를 계획, 이행, 관리하는 역할을 수행하고 있으며, 형사학을 전공한 연구자로서 성폭력 관련 정책 및 범죄 예방에 깊은 관심을 가지고 있다.

현정은 사회 진입을 앞둔 대학생들이 올바른 젠더 인식, 성 인식을 갖는 것은 매우 중요한 일이라고 말한다. 그녀는 대학생 대상 성 평등 교육, 반성폭력 교육을 할 때마다 새로운 교육 방법론을 개발하는 데 많은 노력을 기울이고 있다. 남학생들을 잠재적인 가해자의 포지션에 위치시키기보다는, 폭력을 예방하기 위해 어떻게 함께할 수 있을 것인가에 대한 고민을 나눔으로써 남학생들의 적극적인 참여를 이끌어낼 수 있다고 믿는다.

성 평등을 실현하고 성폭력을 근절하는 것이 단순히 여성만을 위한 일이 아니라는 것을 어른의 세계에 막 들어선 남학생들에게 이해시키는 것은 그들의 장래를 위해서도 매우 중요하다. 물론 남녀 학생들이 대학에 들어오기 전에 성 평등의 당위성을 이해할 수 있다면 더 좋겠지만, 안타깝게도 아직 국내의 중·고등학교 교과 과정에서 성 평등 교육은 우선순위에 놓여 있지 않다.

그녀는 양성평등상담소 활동을 통해 성폭력에 대한 사회적 인식을 증진시키고, 성 평등한 사회 변화를 이끌어내고자 하는 바람을 갖고 있다. 더 나아가 아시아 여성 활동가들과의 만남이 앞으로 상담 및 교육 업무 현장에서 큰 도움이 될 뿐만 아니라, 성 평등 증진과 성폭력 예방에 관한 새로운 아이디어와 에너지를 줄 것이라고 생각한다. 앞으로 해야 할 일들을 이야기하는 그녀의 말에서 희망과 기대가 느껴진다.

인권 향상의 시작은

여성의 목소리

내기로부터

쇼록
이사 샤나와이

Shorouq Issa Shatnawi

요르단

요르단청소년위원회
(All Jordan Youth
Commission)

자원 활동가

8기 EGEP 수료

© 김나연

쇼록 이사 샤나와이는 요르단 사회의 여성에 대한 불평등한 현실이 여성 활동가의 길을 걷게 만들었다고 말한다. 특히 대학원에서 여성학을 공부한 뒤, '유럽-지중해 인권네트워크(Euro-Mediterranean Human Rights Network)'에서 프로젝트에 참여하면서 여성에게 가장 필요한 것이 무엇인가에 대한 고민을 많이 하게 되었다. 그녀는 요르단 여성의 지위는 매우 낮으며 성 평등을 위해 사회 규제, 관련 법 등 수정되고 성취되어야 할 것들이 많다고 지적하면서, 성 평등 실현을 위해 공적 영역에서 여성의 목소리를 키우는 일이 매우 필요하다고 강조한다.

"전반적인 시스템의 개선을 위해서는 변화의 필요성을 제기하고, 그것을 이끌어가는 사람이 필요하니까요. 그런 점에서 정책 분야 및 정치 분야와 같은 공공영역에서 여성의 목소리를 키우는 것이 무엇보다 중요합니다."

법률에서의 성 평등, 여성 정치 세력화에 특히 관심이 많다고 밝힌 쇼록은 무엇보다 사회, 정치, 경제적 영역에서 여성 리더 부족의 문제가 해결되어야 한다고 힘주어 말한다. 여성의 공적 영역 진출이 더욱 많아지고, 정치적 역량이 더욱 강화되면 의사결정 과정에서 여성의 목소리가 더 드러날 수 있기 때문이다. 그녀는 또한 요르단 여성의 피선거권 쟁취 과정을 소개하면서, 여성들의 정치 참여를 위한 투쟁 과정에서 여성이 정치 영역에 조금씩 더 진출하게 되어 2003년부터는 여성 할당제가 실시되었다고 덧붙였다. 요르단에서 처음 여성 할당제가 실시된 2003년 14대 국회에서는 여성의원이 6석(총 110석, 5.5%)을 차지했으며, 4년 뒤 행해진 15대 국회에서는 경선을 통해 1명이 선출된 것을 포함해 총 7명의 여성의원이 배출되었다. 16대 국회 선거에서는 여성 할당제가 12석(총 120석, 10%), 17대 국회에서는 15석(총 150석, 10%)으로 증가되었으며 경선을 통해서도 3명의 여성의원을 배출했다.

여성 할당제 실시 이후 요르단의 여성 국회의원 수를 짚으며 여성의 정치적 참여의 중요성을 역설한 쇼록는, 요르단 사회의 성 평등을 추진해낼 수 있는 힘을 기르기 위해 여성 역량 강화를 위한 여성 운동이 더욱 활발하게 기획되고 여성주의 연구물들이 더욱 많이 나와야 한다고 강조한다.

우 즈 베 키 스 탄
여 성 들 의
배 움 에 대 한 열 망

술토노바 무노이앗 유누소브나

Sultonova Munoiat Yunusovna

우즈베키스탄

페르가나 여성센터 (Fergana Women's Resource Center)

교육 훈련 담당관

8기 EGEP 수료

© 김나연

술토노바 무노이앗 유누소브나는 페르가나 여성센터에서 우즈베키스탄의 여러 시민단체와 함께 지역 중심의 다양한 현안에 대응하는 풀뿌리 운동에 적극적으로 동참하고, 최근의 여성이슈에 대한 논의와 대안을 모색하며, 여성의 역량 강화를 위한 활동을 전개하고 있다. 그녀의 다양한 활동은 여성 교육에 대한 관심이라는 점에서 공통성을 갖는다.

"여성 교육의 중요성에 대한 저의 신념은 실제 지역 여성 교육 훈련을 하는 프로젝트를 운영하면서 더욱 확고해졌어요. 한번은 교육 혜택을 많이 받지 못한 지역 여성들을 대상으로 프로그램을 진행한 적이 있었는데, 프로그램에 참가한 여성들의 변화는 매우 놀라운 발견이었습니다. 지역 여성들이 점차 자신의 의견을 개진하고, 타인과 토론하고, 문제 해결 능력을 키워가는 것을 보면서 더 많은 여성에게 배움의 기회를 제공할 수 있는 운동이 필요함을 절감할 수 있었어요."

여성 교육의 중요성을 강조하는 술토노바는 교육 시스템 안에서 6년 동안 활동한 경력이 있다. 일하는 동안 여성 교육에 대한 여러 도전과 문제에 직면했고, 여성의 권리와 역할에 대해 많은 고민을 하게 되었다고 한다. 특히 신생독립국가인 우즈베키스탄에서의 교육의 역할은 사회 발전의 근간이라고 생각한다. 그러나 현실은 여성 교육에 대한 이해가 높지 않다.

술토노바는 다행스럽게도 가족들이 배움에 대한 자신의 열망을 존중해주었지만, 자신의 경험은 우즈베키스탄의 다른 여성들의 상황과 비교했을 때 흔치 않은 경우라고 덧붙인다. 부모와 남편의 반대로 학업을 중단하는 여성들을 어렵지 않게 목도하면서, 여성의 역량을 강화하기 위해 교육의 중요성을 크게 절감했다고 한다.

우즈베키스탄의 여성들이 더욱더 주체적이고 역동적이기를 바란다는 술토노바는 여성이 자유롭게 사고하고 자신의 의견을 자신 있게 개진할 수 있도록 여성에 대한 교육의 기회가 확대되고 교육 시스템이 변화해야 한다고 주장한다. 그녀는 고향에 여성이 배움을 지속할 수 있도록 하는 학습센터를 건립하겠다는 큰 포부를 갖고 있다. 특히 배움의 기회를 갖지 못한 산간 지역 여성과 장애 여성들에게 학습의 장을 제공하기 위해 온라인 학습 과정도 포함시키고 싶다고 한다. 이를 위한 술토노바의 열정은 오늘도 현재 진행형이다.

© 김나연

네팔 여성에 대한 인식 개선을 넘어서 여성 운동으로

팔리타 타파

Palita Thapa

네팔

여성·법·개발에 관한 포럼(Forum for Women, Law and Development)

프로그램 코디네이터

8기 EGEP 수료

팔리타 타파는 '여성·법·개발에 관한 포럼'에서 '인신매매 근절(Combating Trafficking in Persons) 프로젝트'의 코디네이터로 활동 중이다. 그녀는 네팔의 여성과 아동 인신매매가 매우 심각하다고 지적하면서, 인신매매 문제를 해결하기 위해서는 이 문제를 둘러싼 이해관계자에 대한 교육이 매우 중요하다고 말한다. 실제로 그녀는 프로젝트를 통해 경찰 대상 교육 프로그램, 교육자를 위한 훈련 프로그램 등을 운영하고 있다. 또한 인신매매 근절 관련 법의 이행에 대한 연구 조사도 실시해, 법·제도의 실행에 대한 모니터링과 함께 법안 개선을 위해 노력하고 있다.

팔리타는 단체에서 활동하면서 자연스럽게 여성주의 인식에 눈을 뜨게 되었다. 폭력 피해 생존자를 만나고 남성 중심적 관점을 가진 정책 입안자를 만나면서, 뿌리 깊은 가부장제와 여남 간의 불평등한 권력관계의 모습을 보게 되었고 이러한 불평등한 현실이 그녀를 여성주의 활동가의 길로 이끌었다.

"여성이 처한 여러 차별과 폭력의 문제들은 여성 인권에 대한 인식의 증대만으로는 해결되기 어렵습니다. 구체적인 현실 개입을 위한 힘을 갖기 위해서는 정책과 법 개정 및 수립이 반드시 필요합니다. 예를 들어 여성 문제 해결을 위해 정부를 지속적으로 모니터링하고 압력을 가하는 캠페인이 필요해요. 여성 현안 해결을 위해 정책 담당관, 국회의원과 같은 전문가 집단과의 협업도 중요합니다."

그녀는 성 불평등을 해결하기 위해서는 의식 고양만으로는 충분하지 않다고 강조한다. 구체적인 변화를 모색하기 위해서는 정책과 법, 그리고 집행의 문제에 여성 운동이 더 깊이 관여해야 하기 때문이다. 그녀는 헌법재판소에 제기한 인신매매 근절 관련 법 개정 요청 소송을 예로 들어 설명한다. 네팔의 관련 법률 조항에 인신매매 피해자를 재피해자화시키는 요소가 있음을 발견하고는, 동료들과 함께 위법 소송을 제기해 결국 관련 법 조항을 개선시키는 대법원 판결을 이끌어낼 수 있었다. 팔리타는 법 조항을 바꿔가는 과정 자체가 운동의 과정이었다고 말한다. 법 조항을 바꿔가는 과정에서 인신매매 문제에 대한 사회적 인식을 환기시킬 수 있었으며, 동시에 인신매매 피해자 구제에 있어서 구체적인 변화를 이끌어낼 수 있었다는 점 역시 매우 중요한 의미가 있다는 것이다.

© 김나연

새로운 정치를 만들어가는 한국 여성들의 힘

오경진

Oh Kyungjin

한국

젠더정치연구소 여. 세. 연 (Korea Women's Political Solidarity)

사무국장

9기 EGEP 수료

'젠더정치연구소 여. 세. 연'은 여성의 정치의식을 함양하고, 미래의 여성 정치 리더를 지원하는 역할을 하며, 기존의 낡은 정치틀을 벗어나 새로운 정치학을 만들어가기 위한 여성들의 능력을 기르는 데 중점을 둔 활동을 벌이고 있다. 이곳에서 사무국장으로 일하고 있는 오경진은 성 평등을 실현하기 위한 법, 정책 개혁 캠페인과 한국의 젠더 정치의 상황을 모니터링, 분석하는 작업을 진행하고 있다.

경진은 여성으로서 자신의 삶과 사회와의 관계에 대해 고민하면서 여성주의자로서의 의식을 갖게 되었다고 말한다. 이는 개인적 삶의 소소한 경험에서부터 비롯되는데, 예를 들어 대학에 입학한 1학년 여학생들이 3, 4학년 남학생들의 데이트 대상으로만 의미화되던 것, 대학을 졸업한 여학생들이 남학생들에 비해 취업을 하는 데 훨씬 더 많은 어려움을 겪는 점 등이다. 그녀는 국제 개발의 맥락에서 젠더와 정치경제학을 공부했던 석사과정 역시 자신이 여성주의자로 정체화하는 데 큰 영향을 미쳤다고 이야기한다.

그녀는 제59회 유엔 여성지위위원회에 한국의 여성 운동 대표 단체의 하나로 참여했던 것을 최근 가장 보람 있었던 활동 중 하나라고 설명한다. 2주간 뉴욕에서 진행된 일정에 적극적으로 참여하면서, 국제 개발 담론의 변화 속에서 젠더의 의미가 어떻게 구성, 변화되는지에 대한 안목을 기를 수 있는 좋은 기회였기 때문이다. 그녀는 한국에 돌아와 자신의 경험을 세미나와 관련 자료집 발간을 통해 다른 단체들과 여성 활동가들과 나누었던 시간 역시 매우 의미 있었다고 말한다. 이 과정에서 한국의 개별 여성단체들이 국제 정세의 맥락 속에서 비전을 그리는 데 자신도 작은 기여를 했다고 느꼈기 때문이다.

'젠더정치연구소 여. 세. 연'은 EGEP 초기부터 스터디 투어 프로그램에 파트너 기관으로 참여해왔는데, 경진은 EGEP 참가자들의 열정을 지켜보며 언젠가 본인도 EGEP에 참여하고자 하는 바람을 갖게 되었다고 한다. 그녀는 국경을 넘는 초국가적 여성 연대를 통해 성 평등한 사회 변화를 만들어가는 데 동참하고 싶다는 당찬 포부를 밝혔다.

© 김나연

대 학 내

성 불평등 문화를

바 꿔 가 다

아베이 아케마슈 게타훈

Abay Akemachew Getahun

에티오피아

젠더개발센터 (Center for Gender and Development)

소장

9기 EGEP 수료

'젠더개발센터'는 에티오피아공공대학교(Ethiopian Civil Service University) 내 부설기관으로 여성 고등 교육을 지원하고 성 평등 실현을 비전으로 한다. 아베이 아케마슈 게타훈은 소장으로서 특히 대학 내 젠더 감수성 향상을 위한 워크숍을 진행하고, 여학생들의 멘토 역할을 하고 있다.

센터에서는 크로스커팅 이슈로서 젠더, 장애, HIV 이슈를 주로 다루는데, 이 세 가지 이슈는 특히 에티오피아의 현실에서 더욱 취약성을 갖고 있다. 그녀는 지역의 여성 역량 강화와 성 평등 실현을 위해 관련 지식을 제공하는 단기 교육을 운영하고, 장애 친화적인 학교와 교육 운영을 위해 교육 과정에서 성 주류화는 물론 장애 문제도 함께 다룰 수 있도록 노력하고 있다. 학내 젠더 감수성 향상을 위한 이러한 노력들은 대학 내에 성 평등 문화를 정착시키고 정책 변화를 이끌어내어, 지난 2012년에는 에티오피아공공대학교가 UN 공적 서비스 분야에서 우수 사례로 선정되는 성과를 맺었다. 아베이는 이러한 노력들이 에티오피아의 성 평등 실천을 위해 작지만 구체적인 노력이라고 믿는다. 이제 대학이라는 울타리를 넘어 지역 커뮤니티와의 폭넓은 협업 속에서 그녀의 노력은 에티오피아의 성 평등 실현을 한 걸음 더 앞당기는 데 기여하고 있다.

아베이의 최근 관심사는 대학 내 아동돌봄센터 건립과 지방에서 올라온 여학생들을 위한 기숙사 건립이다. 자신 또한 세 명의 자녀를 두고 있는 그녀는 일·가정의 양립이 얼마나 어려운지 몸소 경험하고 있다. 그래서 더욱 학내 아동돌봄센터의 필요성을 제기한다. 여학생들을 위한 기숙사 건립은 여학생 대상 상담 및 멘토링을 하면서 특히 지방에서 온 여학생들이 숙식 문제로 인해 겪는 어려움과, 이로 인해 대학 교육을 지속하지 못하는 상황을 직접 목도하고 있기 때문이다.

한 명의 여학생이 대학을 무사히 졸업하는 일은 여타의 정책적 변화만큼이나 중요한 일이라고 역설하는 아베이는, 여학생들이 중도에 포기하지 않고 대학을 졸업할 수 있도록 지원한다. 나아가 여학생들이 졸업 후 취업을 하기까지 멘토링을 지속하고 있다. 그녀는 오늘도 일과 가정에서 균형을 잡으며 여성 멘토로서 자신이 할 수 있는 역할에 최선을 다하고 있다.

© 김나연

인도의 차별적 시스템에 저항하기

니야맛 빈드라

Nyamat Bindra

인도

세와 바라트
(Self-Employed Women's
Association(SEWA) Bharat)

건강권 담당자

9기 EGEP 수료

'세와(SEWA)'는 비공식 경제 영역에서 일하는 여성들의 노동권 증진을 위해 1984년 인도에 설립된 전국적 단체이다. '세와 바라트'는 바라트 지역단체로, 니야맛 빈드라는 이곳에서 건강권 담당자로서 인도 6개 주에 걸친 여성 건강 관련 프로젝트를 담당하고 있다.

니야맛은 여성 건강 프로젝트를 수행하기 위해 지역을 다니면서 여성과 청소년들의 영양 및 건강 문제의 심각성, 그리고 '인도 사회의 시스템'으로 간주되는 인도 사회 도·농 간의 격차와 차이, 그로 인한 차별과 일상적으로 마주하곤 했다. 그녀는 대도시 출신 여성이 왜 이런 일을 하냐는 질문을 많이 받곤 하는데, 자신 또한 인도사람이라고 대답하며 넘기지만 그런 질문을 받을 때마다 곤혹스러움을 느낀다. 한번은 카스트가 다른 지인과 영화관을 갔다가 입장을 거부당하기도 했는데, '인도 사회의 시스템'을 용인하지 않는다는 의미에서 스스로 영화관을 나왔다고 한다.

니야맛이 여성 이슈에 관심을 가지게 된 것은 델리에서 성장하면서 겪은 차별과 고통의 경험들 때문이다. 스토킹의 위협과 그로 인한 트라우마, 그리고 자유의 제한은 사회적 존재로서 구성되는 여성의 의미를 체화하고 협상하는 시간이었다. 이후 여성 인권 활동가로 일하는 과정에서 만난 많은 여성들, 어린 나이에 엄마가 된 여성들, 폭력 피해 소녀들을 도우며 점차 여성주의자로 성장했다. 그 일례로, 최근 니야맛은 치한과 맞서 대응했던 경험을 자랑스럽게 이야기했다. 경찰에 신고하고, 처벌받게 한 일은 그녀에게 매우 중요한 경험으로 기억된다. 이 일은 제도적 도움을 적극적으로 활용한다면 여성이 처한 삶의 조건을 바꿀 수 있다는 믿음을 가지게 된 계기이기도 했다.

건강권에 대해 관심을 가지게 된 니야맛의 경험은, 그녀가 일상의 삶 속에서 여성 문제와 인권에 대한 문제를 어떻게 자각하게 되었는지 보여준다. 숙모와 어린아이들의 암 투병 모습을 지켜보며, 건강 이슈를 하나의 인권 문제로 접근해야 할 필요성에 대해 자각하게 되었다. 주위 사람들에 대한 깊은 애정과 관심을 가진 니야맛의 적극적이고 성찰적인 삶의 태도는, 일상의 경험을 넘어서서 차별적 시스템에 대한 적극적 대항으로 이어지고 있다.

다 문 화 경 험 을 통 해
성 평 등 의 가 치 에
눈 을 뜨 다

띤리 초든
Thinley Choden

부탄
리드 부탄(READ Bhutan)
프리랜서 컨설턴트
9기 EGEP 수료

© 김나연

띤리 초든은 현재 부탄에서 프리랜서 컨설턴트로 일반 회사뿐 아니라 비정부단체들(지역단체 및 국제단체 포함)에 젠더 관련 이슈, 전략 개발, 모금 활동, 프로그램 설계, 사회적 기업 창업에 관한 컨설팅을 제공하고 있다. 여성학 교육을 받거나 여성단체에서 공식적으로 활동한 적이 없기에 그녀는 자신을 여성주의자/여성주의 활동가로 부르기에는 부족함이 많다고 말한다.

그러나 부탄에서 태어나 인도와 미국에서 교육을 받고 성장하며 띤리는 자연스럽게 자신의 정체성과 여성 이슈에 대한 고민을 갖게 되었다. 그녀는 비교적 평등한 가족 문화와 모계 질서가 강한 부탄 사회의 분위기에서 자유롭게 자라다가 인도에서 고등 교육을 받으면서 여성 이슈에 새롭게 눈뜨게 된다.

"제가 살아온 여정 속에서 자연스럽게 여성의 역량 강화와 젠더 문제에 관심을 갖게 되었어요. 저는 어렸을 때 인도에서 교육을 받았어요. 인도에서 처음으로 극단적인 가난과 성차별을 목도하게 되었지요. 인도에서는 여성이 제대로 대접받지 못하고 남성이 가장으로 모든 권한을 행사하는 문화가 지배적이었어요. 이후 교육을 받기 위해 미국으로 가게 되었는데, 그곳에서 여성의 힘을 경험할 수 있었어요. 미국의 여성들은 독립적인 삶을 살면서 다양한 분야에서 지위를 갖고 활동하고 있었지요."

미국 여성들의 적극적인 사회 활동상을 본 뒤 부탄으로 돌아온 띤리는 어린 시절에는 미처 발견하지 못했던 여러 장벽들과 마주치게 되었다. 공적 공간에서 여성이라는 이유로 주변화되는 경험을 하고, 정치 영역에서 여성의 목소리를 대변하기에는 턱없이 모자란 의회 여성의원 좌석 수를 보면서, 그녀는 부탄 사회의 맥락에서 여성 이슈를 새롭게 고민하기 시작하게 되었다.

2008년에 띤리는 국제 NGO '리드 부탄(READ Bhutan)'을 창립한 후 6년간 이 단체를 성공적으로 운영했다. 띤리의 노력과 성과가 알려지면서 2014년에는 주디스 리딩 룸(Judith's Reading Room)에서 주는 '탈문맹을 통한 자유상'을 수상하기도 했다. 그녀는 EGEP를 통해 얻은 다양한 지식과 폭넓은 네트워크가 앞으로 더 넓은 영역에서 여성 활동가로, 또 젠더 전문가로 일하는 데 큰 자산이 될 것이라고 믿는다.

© 김나연

젠더 감수성 교육으로 미래를 바꾸다

타히라 칸
Tahira Khan

파키스탄

무슬림의 손
(Muslim Hands)

프로젝트 코디네이터

10기 EGEP 수료

타히라 칸은 파키스탄 내에서도 매우 '보수적'인 지역에서 성장했다. 이 지역에서 여성들은 얼굴을 밖으로 드러낸 채 거리를 다닐 수 없었고 타히라 역시 다르지 않았다. 타히라는 대학에서 파키스탄의 후드드 조례(Hudood Ordinance, 코란에 명시된 체벌을 실현하는 법안으로 사회적 논란이 됨)와 이혼법에 대한 논문을 썼다. 공부를 더 하고 싶었지만 남편과 주위의 반대로 포기할 수밖에 없었다고 한다. 그나마 대학까지 공부할 수 있었던 것은 지혜롭고 강인한 어머니의 지원 덕분이었다. 어머니는 학교 선생님이었고 '여성 운동'에 공공연하게 참여하는 분이었다.

대학 졸업 후 타히라는 월드비전을 비롯한 여러 NGO 단체에서 젠더 분야 담당자로 일해 왔다. 가장 보람을 느꼈던 일은 경찰관을 대상으로 젠더 감수성 훈련을 진행하는 사업을 수행한 것이다. 여성에 대한 폭력이 만연한 사회에서 폭력의 피해자인 여성들은 경찰관의 몰이해와 편견에 의해 조사 과정에서 이중삼중으로 상처를 입게 된다. 아직은 소수이지만, 여성을 '인간'으로 대하고 여성의 입장을 이해하는 경찰관이 늘어난다면 파키스탄은 여성이 살기에 조금 더 안전한 사회가 될 것이라고 믿는다.

타히라는 집안에서 정해준 남자와 결혼했다. 세 아이의 엄마인 그녀는 수유를 해야 할 때에도 NGO 활동가로서의 일을 쉬지 않았다. 남편은 좋은 사람이지만 파키스탄의 '일반적' 감수성을 가지고 있어서 매사에 협상과 타협이 필요하다. 다행히 그는 느린 속도이지만 천천히 변하고 있다. 남편의 반대에도 불구하고 타히라는 아들에게도 가사를 돕도록 시킨다. "저는 아들을 잘 교육시켜서 좋은 남편이 되게 할 것입니다. 그게 바로 제 비전이에요. 우선은 제 가족부터 시작하려고 아들을 그렇게 교육시키는 거예요."

현재 타히라가 일하고 있는 단체인 '무슬림의 손'은 취약 계층을 위한 다양한 보호·지원 프로그램을 수행하고 있다. 집에서 아들 교육에 특별히 신경을 쓰는 것과 마찬가지로, 타히라는 길에서 노동하는 아이들을 보호하고 지원하기 위한 캠페인에 특히 관심을 기울이고 있다. 다음 세대를 잘 키우는 것이야말로 변화를 실현하는 지름길이라고 생각하기 때문이다.

© 김나연

성 평등 사회를

앞당기는

여성 변호사들

트리아나 코말라사리 레즈키

Triana Komalasari Rezki

인도네시아

인도네시아 여성을 위한 법률구조연합 (Indonesian Legal Aid Association for Women)

프로젝트 담당자/변호사

10기 EGEP 수료

트리아나 코말라사리 레즈키는 '인도네시아 여성을 위한 법률구조연합'에서 프로젝트 담당자로 일하고 있다. 이 단체는 자카르타 지역의 7명의 여성 변호사 모임으로 시작해 현재는 16개의 부서를 가지고 있는 여성 변호사 모임으로 확대되었다. 성 정의를 실현하기 위한 목표하에, 공평하고 정의로운 법 시스템 구축과 성 평등 사회 구현을 위한 여성 역량 강화를 위해 다양한 활동을 펼치고 있다. 프로젝트 담당자로서 트리아나는 프로그램 운영 전반을 관리하는데, 특히 성 정의 프로그램에 관여하고 있는 법 기관들과의 협업을 담당하고 있다.

그녀는 인도네시아의 가부장적 문화와 관행을 경험하면서 자연스럽게 여성주의 의식이 자라났다고 말한다. 특히 대학 진학 후 법학을 공부하면서 여성과 아동의 인권에 대한 문제의식이 심화되었다. 트리아나는 피해자의 심리에 대한 이해를 바탕으로 피해자 지원 및 지역 사회의 변화를 이끌어내기 위한 법적 개입에 관심을 갖게 되었다. 법률구조연합에서 활동하면서부터는 여성 법조인으로서 피해자들을 위한 사회정의 실현에 기여해야 한다는 사명감을 갖게 되었다.

여성 법조인으로서 트리아나는 이미 법 제정 및 정책 마련 과정에 개입해 일정한 성과를 거두고 있다. 결혼법 개정, 반가정폭력법 제정, 시범적 가족 법정 운영 등에 참여하면서 피해자들에게 실질적이고도 구체적인 도움을 줄 수 있었다. 하지만 갈 길은 여전히 멀고, 법의 개정이나 제정만으로 문제가 해결되는 것은 아니다. 요즘 트리아나는 보다 많은 여성들이 법률 서비스를 제공받을 수 있는 환경을 조성하는 데 더 많은 관심을 갖게 되었다. 법률 서비스에 대한 접근성이 없다면 법률이 정비되었어도 아무 소용이 없기 때문이다. 또한 남성들과 연대하는 전략도 매우 중요하다고 느낀다. 남성의 변화 없이 성 평등은 결코 실현될 수 없기 때문이다.

"인도네시아에도 '히포쉬(He for She)'와 비슷한 운동이 있어요. 바로 '라키 라키 바루'라는 운동입니다. 진짜 남성적인 남자는 여성에게 폭력을 휘두르지 않는다고 주장하는 사회운동이에요. 여자에게 폭력을 행사하지 않을 때 진짜 남자가 된다는 뜻이죠. 저는 남자들이 여성 운동에 대해 알아야 한다고 생각해요. 그래야 남성 스스로 의식을 바꿀 수 있어요."

깨어 있는

여성 언론인으로

네팔의 사회 운동에

참여해요

스미타 마가

Smita Magar

네팔

줌라왕 마을기구 (Jhumlawang Village Foundation)

미디어 코디네이터

10기 EGEP 수료

© 김나연

스미타 마가는 현재 '줌라왕 마을기구'에서 미디어 코디네이터로 일하고 있다. 이 단체는 지역의 주민들과 이주민들이 함께 협업해 지역 개발을 이끌어낼 수 있을까 하는 문제의식에 기반해 설립된 비정부기관이다. 지역의 교육과 건강 문제에 초점을 맞춰 활동하고 있으며, 여성과 남성의 평등한 접근권을 보장할 수 있는 방법을 모색하고 있다. 스미타는 미디어 코디네이터로서 뉴스를 제작하고 지역 사회에 교육 자료를 배포하는 등의 업무를 전담하고 있으며, 지역 주민들, 지역단체 및 국제단체들과의 원활한 의사소통을 담당하고 있다.

스미타가 태어나고 자랐던 지역인 줌라왕에서 마오이즘 폭동이 일어나자 그녀는 가족들과 함께 카트만두로 이주해 공부를 계속했다. 스미타 개인에게 폭력의 기억은 너무나 생생하게 남아 있지만, 언론의 조명을 받지 못했던 줌라왕 지역의 폭력 사태는 점차 잊혀갔다. 이러한 상황을 경험하면서 스미타는 언론인이 되어 잊힌 사회 문제에 관심을 불러일으키는 역할을 하고 싶다는 소망을 갖게 되었다. 그렇게 스미타는 언론인이 되어 고향으로 돌아갔다.

"저는 석사과정을 이수하자마자 일을 그만두고 고향으로 다시 돌아갔어요. 거기서 1년간 지내면서 내전 이후 사회의 상황을 알 수 있었어요. 미디어에는 보도되지 않는 것들이 있어요. 전쟁이 끝나고 나면 사람들은 모든 것이 다 끝났다고 생각해요. 그리고 그에 대해 보도할 필요도 없다고 생각하죠. 그러나 전쟁은 단순히 총이 언제 발포되었는지의 문제가 아니에요. 그 결과들 속에서 우리가 살아가는 거예요. 그게 바로 제가 고향으로 돌아간 이유예요."

얼마 전 그녀는 노르웨이에서 6개월 동안 '평화와 분쟁 연구' 과정에 장학생으로 참여하면서 분쟁 지역의 평화 재건에 대해 많은 고민을 하게 되었다. 또한 이를 통해 지속적인 배움의 과정이 주는 즐거움을 다시금 확인할 수 있었다. EGEP에 참여하게 된 계기 역시 지속적으로 성장하고 싶다는 열망 때문이었다. 스미타는 EGEP에서 실천적, 이론적 여성주의 지식을 배울 수 있을 것이라는 큰 기대를 갖고 있다. 그녀는 이렇게 쌓아가는 배움과 지식이 장래 네팔의 소외 지역을 방문해 사회 운동을 조직하고자 하는 활동 계획에 큰 원동력이 될 것이라고 믿고 있다.

마하푸자 악터

체링 초든

아이카니쉬 진배바

페이스 칼리바 피리

람 난

루파 케이 씨

소비아 미르 자만

딜로롬 쇼디예바

이라쉬 라시다

아유 레지나 욜란다사리

데마 페마

사우미 랄말

양 리리

딥자야 칼키 체트리

컷 디안 트리스니아쉬

안나 크리스티 스왈디

자흐라 라조올리

에만 함단

쑨 쥐에

소띠아 속

웨기리아 위라소리야쥐 파드미니 니로시카 웨기리아

파리야 아부바카리

원선아

4장

여성들이 일구어내는 공동체

풀뿌리 연극으로

방글라데시

농촌 여성들과

만나요

마하푸자 악터

Mahafuza Akther

방글라데시

방글라데시 연극예술연구소
(Bangladesh Institute
of Theatre Arts)

프로젝트 코디네이터

6기 EGEP 수료

© 김나연

마하푸자 악터는 '방글라데시 연극예술연구소'에서 10여 년째 활동하고 있는 프로젝트 코디네이터이자 공연 활동가이다. 현재 여성 연대를 위한 'We Can Alliance' 프로젝트를 담당하고 있으며 여성에 대한 폭력을 감시하고 해결책을 모색하는 일을 하고 있다. 또한 치타공 지역의 반(反)인신매매위원회에서도 활동 중이다.

마하푸자는 힌두교가 지배적인 방글라데시 사회에서 민족과 종교적 차별도 큰 문제지만 무엇보다 가장 큰 차별은 여성에 대한 차별이라고 말한다. "방글라데시에서 여성과 발전을 말할 때 이 문제가 도시를 배경으로 하는지 농촌을 배경으로 하는지 고려하는 것이 매우 중요해요. 도시 여성의 삶보다 농촌 여성의 삶이 더 비참하거든요. 그래서 연극을 통해 농촌의 풀뿌리 여성들을 조직화하는 데 큰 관심을 기울이고 있어요. 그동안 방글라데시를 비롯해 여러 나라에서 공연을 했는데, 저는 제가 여성으로서 변화를 만들어가고 있다고 생각해요."

그녀는 지리학 석사과정을 마쳤지만 대학생 때부터 공연하는 것을 좋아했다. 연극예술연구소 활동을 통해 특히 가정폭력과 조혼 반대, 여성 인신매매 퇴치 등 여성의 권리에 관한 풀뿌리 연극과 드라마를 만드는 데 관심을 갖고 있다. "우리 지역에서 어떤 일이 벌어지는지에 대해 연극을 만들고 연기를 하죠. 작년에 불교 공동체가 무슬림 공동체에 의해 공격받는 사건이 있었고 저희는 이 내용에 대한 연극을 상영했어요. 현재 방글라데시 인신매매 문제와 관련된 연극에서 저는 슬럼가에서 여성들을 모아 성 산업에 넘기는 역할을 연기하고 있어요. 제겐 힘든 도전이에요."

마하푸자는 여성들이 가난과 차별, 그리고 폭력의 위협에 처해 있지만, 변화를 위한 실천 하나하나가 중요하다고 말하며 밝게 웃었다. 연극을 통한 애드보커시는 그러한 긍정적 에너지의 원천이기도 하다. "올바른 생각 하나가 잘 실행되면 큰 변화를 이끌어낼 수 있다고 믿으니까요." 그래서 자신과 비슷한 활동을 하고 있는 활동가들과의 만남이 소중하다고 말한다.

"저는 EGEP가 다른 페미니스트 활동가들과 많이 교류하고, 제 생각을 풍성하게 하는 데 도움이 될 거라고 믿어요. 저 역시 다른 동료 페미니스트들에게 놀라운 아이디어를 전해줄 수도 있겠지요."

© 김나연

부탄 국민행복지수에 여성들의 목소리가 담겨야 합니다

체링 초든

Tshering Chhoden

부탄

로몬 소사이어티
(Lhomon Society)

대표

6기 EGEP 수료

체링 초든은 2000년부터 부탄국영방송(BBS)에서 라디오와 텔레비전의 시사 프로그램 기자이자 프로듀서로 일해왔다. 또한 2010년 설립된 시민단체 '로몬 소사이어티'의 대표를 맡고 있다. 체링은 특히 부패 문제나 굿 거버넌스, 국민행복지수, 여성차별 등 다양한 사회 이슈에 대한 시사토론 프로그램도 다수 제작했다. 2011년 여성으로는 최초로 국영방송 부국장으로 임명된 것은 그녀에게 매우 큰 성취로 기억된다. "방송국은 경쟁적인 곳이에요. 14년을 일했지만 승진하기가 너무 어려웠어요. 그러나 남자들은 훨씬 수월하게 승진해요. 남자들이 여자들보다 일을 더 열심히 하는 것도 아닌데 말이에요."

그녀에게 가장 큰 영감을 준 이는 어머니였다고 말한다. "저희 집은 딸만 다섯이에요. 다들 딸이 둘씩 있어서 어머니까지 여자만 열여섯 명이나 돼요. 어머니는 교육을 받지 못했지만 저희에게는 교육을 받아야 하고 경제적으로도 독립하고 자신이 할 수 있는 일을 열심히 해야 한다고 말하셨어요." 부탄 사회는 모계 관습의 독특한 문화가 있지만 이것이 공적 영역에서 여성들의 권한으로 연결되는 것은 아니다.

부탄은 최근 국가 주도의 개발 정책과 사회 개방을 통해 많은 변화를 겪고 있다. "부탄은 국민행복지수라는 지표를 만들어 기존의 핵심적인 경제 가치에 도전하고 있어요. 국민총생산은 부차적인 개념이지요. 부탄은 고유한 개발 철학을 바탕으로 행복을 개발과 경제 정책의 핵심 기둥으로 삼고 있어요. 부탄에는 외국인 직접투자와 같은 정책도 없고 맥도날드나 스타벅스 같은 외국 프랜차이즈도 없어요. 저는 이러한 점이 굉장히 좋다고 생각해요."

그녀는 새로운 전환기에 놓여 있는 부탄에서 여성들의 리더십과 참여가 중요하다고 강조한다. "여성들은 어머니로서, 누이로서, 아내로서, 딸로서 우리 사회를 떠받치고 있는 사람들이에요. 개발 문제에서 이들의 이슈는 자주 무시되는데, 그럴수록 여성들이 더 목소리를 내고, 리더십을 형성하고, 집단적인 의제를 만들어내야 한다고 생각해요." 이것이 바로 그녀가 방송국 일뿐 아니라 단체 활동을 통해 사회에 새로운 변화를 이끌어내고 다음 세대 여성들의 역량을 강화하고 지원하는 일에 관심을 쏟고 있는 이유이다.

© 김나연

키 르 기 스 스 탄 의

' 열 린 여 성 주 의 학 교 '

아이카니쉬 진배바

Aikanysh Jeenbaeva

키르기스스탄

비슈케크 여성주의자연합
(Bishkek Feminist
Collective SQ)

창립자/프로젝트 코디네이터

6기 EGEP 수료

'비슈케크 여성주의자연합'은 키르기스스탄에서 성차별, 호모포비아, 트랜스포비아, 민족주의, 제노포비아, 이슬람포비아 등 모든 형태의 억압을 종식시키기 위해 설립된 단체이다. 아이카니쉬 진배바는 이 단체의 공동 창립자이자 프로젝트 코디네이터로 일하고 있다. 비슈케크시의 거리 성희롱을 근절하는 액션 코디네이터 역할도 그녀가 하고 있는 주요한 일 가운데 하나이다. 최근에는 키르기스스탄 정부가 전통적 가치를 옹호하기 위한 '건강한 생활양식 국가전략' 구상안을 내놓았을 때 워킹 그룹으로 참여해 차별적인 조항을 바꾸고 인권에 기반을 두는 데 대한 합의를 이끌어내기도 했다.

아이카니쉬는 러시아어, 독일어, 영어 등 6개국 언어를 구사할 수 있는데, 이러한 배경에는 어린 시절 이민으로 시작된 디아스포라의 경험이 녹아 있다. "제가 11살 때 우리 가족은 미국으로 이민을 갔어요. 저는 소련에서 태어났고 소련 문화 속에서 살았어요. 제 모국어는 러시아어예요. 소련이 붕괴하고 새로운 민족주의로 키르기스스탄 정체성이 강조되었고 키르기스스탄 말을 해야만 했어요. 미국에서 살면서는 미국인과 동화되지 못했어요. 3년을 지낸 후 다시 키르기스스탄으로 돌아왔어요. 전 여전히 제 정체성을 한 국가로 정하지 못해요."

그녀가 젊은 여성으로서 스스로 여성주의 단체를 만든 배경에는 키르기스스탄에 새로운 여성주의 운동이 필요함을 느꼈기 때문이다. 영 페미니스트 활동가로서 겪은 차별의 경험도 그중의 하나이다. "NGO에서 일하면서 세대 차이와 연령차별을 경험했어요. 어리다는 이유로 커피를 나르고 복사를 해야만 했지요. 일의 결과물은 나이가 많은 활동가들이 가져갔어요. 2012년에 페이스북으로 페미니스트 그룹을 만들어 새로운 여성 운동을 시작했어요."

아이카니쉬는 동료들과 함께 누구나 참여해서 젠더/섹슈얼리티 이슈에 대해 자유롭게 토론할 수 있는 '열린 여성주의 학교'를 만들고 있다. 키르기스스탄에서 젠더나 여성학은 어디에서도 가르치지 않기 때문에 이러한 대안공간과 기회는 매우 소중하다. EGEP에 참여하면서 새로운 문제의식을 갖게 된 이슈들, 특히 여성에 대한 성희롱, 데이트 성폭력 이슈를 널리 알리고 '밤거리 되찾기' 캠페인도 앞으로 하고 싶은 일 중 하나이다.

© 김나연

말라위 소녀들의 스토리텔링은 변화의 힘

페이스 칼리바 피리

Faith Kaliba Phiri

말라위

소녀들의 임파워먼트 네트워크 (Girls Empowerment Network)

상임대표

6기 EGEP 수료

페이스 칼리바 피리는 어릴 때부터 차별과 폭력을 경험했고, 여러 장벽에 부딪힐 때마다 스스로 헤쳐 나가야 했다. "저는 말라위의 가난한 동네에서 태어났고 그곳에서 살면서 여성으로서 많은 차별과 억압, 장애를 경험했어요. 학교를 자퇴해야 한다는 압박과 어린 나이에 결혼을 해야 한다는 강요, 젠더폭력을 이겨냈어요." 페이스는 말라위 사회에서 여성이 직면하는 도전과 어려움을 극복하기 위한 탈출구가 있어야 한다고 생각했고, 이것이 여성 운동 그룹을 만들고 여성 활동가가 되는 데 원동력이 되었다. 그녀는 2008년 '소녀들의 임파워먼트 네트워크'를 창립하고 현재 단체의 대표로 있다.

"저는 소녀와 여성들이 자신의 운명을 바꿀 수 있다고 믿어요. 제 목표는 모든 이들이 폭력으로부터 자유롭고 사회정의를 누릴 수 있는 세상, 공정한 기회가 있는 세상을 만드는 거예요."

페이스는 여러 지역의 소녀들을 만나 이야기를 나누는 프로그램을 시작했다. "우리는 정말 다양한 이야기를 나눠요. 아이들이 자기 안에 있는 이야기를 시작하면 우리는 서로 연결되어 있다는 것을 느껴요. 우리의 이야기는 때론 침묵을 깨뜨리죠. 그렇게 변화가 시작돼요. 우리 여성들은 이야기를 나누면서 상처를 치유해갑니다."

특히 지역 사회에서 아동 결혼을 종식시키기 위한 애드보커시 활동에서 이러한 방법은 큰 힘을 발휘했다. "치라줄루(Chiradzulu) 지역의 몇몇 마을에서 스토리텔링과 대화를 이용해 소녀들을 중심에 놓는 애드보커시 활동을 진행했어요. 이러한 방법을 통해 지역의 22개 이상의 마을에서 아동 결혼을 금지하고, 소녀들의 교육을 촉진시키는 지역 규칙을 제정하는 성과가 있었어요. 우리의 접근법이 사회 변화를 이끄는 데 매우 효과적인 방법으로 증명이 된 거예요. 현재 많은 단체와 공동체에서 이 방법을 채택하고 있어서 더 자랑스러워요."

페이스는 소녀와 여성들이 무한한 잠재력이 있으며, 함께 일할 때 상황을 변화시키고 사회의 발전에 획기적으로 기여할 수 있다고 믿는다. "저를 슬프게 만드는 것은 여성들이 포기하는 것이에요. 여성은 싸울 수 있고 여성은 견딜 수 있고 여성은 무엇이든 할 수 있어요. 저는 저희 공동체 여성들의 권리를 위해 나서야 했어요. 저는 제가 하는 일을 좋아하고 열정을 가지고 있어요."

미얀마

농촌 여성들과 함께 성장하고 싶어요

람난
Ram Nawn

미얀마

농촌개발 커뮤니티연합
(Community Association
for Rural Development)

기획 담당관

6기 EGEP 수료

© 김나연

람 난은 고등학교 때 어머니를 여의고, 그 충격으로 인해 공부를 접을 만큼 방황했다. 겨우 들어간 대학 생활은 행복하지 않았다. '무엇을 할까, 무엇을 할 수 있을까' 자신의 삶에 대해 질문을 하게 되면서 그녀가 택한 길은 대학원에서 신학을 공부하는 것이었다. 졸업 후 한 농촌 마을에서 2년간 목사로 선교 활동을 했다. 이때 농촌의 가난한 사람들을 많이 만나면서 이들이 정부의 지원이나 개발의 혜택을 전혀 받지 못하는 현실을 보게 되었다고 한다. 그녀가 목사를 그만두고 시민단체에 첫발을 내딛은 곳이 바로 '농촌개발 커뮤니티연합'이다.

그녀는 여성과 청소년에 대한 권한 강화, 역량 강화 프로그램을 포함한 사회적 서비스 관련 분야 프로젝트를 맡고 있다. 지난 3년간 마을과 도시 현장에서 생태 농업, 소규모 사업, 인권, 성 평등, 여성주의 이론, 건강 교육 훈련 등과 관련된 프로그램을 진행했다. 최근에는 유엔세계식량계획와 협력한 'Food for Work' 프로그램 매니저로 참여하기도 했다. "이제 여성 그룹들 중의 일부가 소기업으로 비누나 샴푸를 만들어 소득을 얻고 있어요. 그들은 일에 매우 큰 열정을 가지고 있고, 많은 영역에서 재능을 발휘하고 있어요. 여성 역량 강화 훈련에 참가하고 난 뒤 리더들도 많이 생겼고요. 이럴 때 큰 보람을 느낍니다." 하지만 미얀마의 정치적, 경제적 환경 때문에 어려움도 늘 있다. "최근에 느끼는 어려움은 저희 프로젝트를 계속 하기 위해서 재정적 뒷받침이 더 필요하다는 거예요. 여전히 많은 사람들이 빈곤에 시달리고 있고 정부는 저희 활동을 통제하려고 해요. 미얀마가 데모크라시(democracy)로 가고 있다고 하지만 저희는 '데모크레이지(democrazy)'라고 말하지요."

남성 중심 조직에서 일하는 어려움도 있다. EGEP 교육에 참여하는 것도 그리 쉬운 일이 아니었다. 월급을 깎겠다는 기관장의 으름장에도 불구하고 그녀가 용기를 낼 수 있었던 것은 '미얀마 여성단체 네트워크'의 지지가 있었기 때문에 가능했다고 한다. "대부분의 여성은 남성과 동등한 기회를 가지지 못해요. 저는 사회에서 일하면서 저 자신이 먼저 성장하고, 다른 여성들도 자신의 능력을 개발할 수 있도록 돕고 싶어요." 그녀는 미얀마 사회에서 보다 많은 여성들이 더 많은 활동에 참여하고, 언젠가 남성과 여성 모두 평등하게 함께 일할 수 있기를 희망한다.

히 말 라 야

천 연 자 원 지 킴 이

여 성 들

루파 케이 씨

Rupa K. C.

네팔

히말라야 풀뿌리 여성
자연자원관리연합
(Himalayan Grassroots
Women's Natural Resource
Management Association)

프로그램 담당관

6기 EGEP 수료

© 김나연

루파 케이 씨는 네팔 산악 지대에 사는 여성들의 인권을 위해 일하고 있는 활동가이다. 특히 기후 변화로 인해 여성들이 겪는 어려움에 집중하고 있다. 그녀는 카트만두 도시에서 멀리 떨어진 지역에서 성장했는데 카트만두에서 대학을 다니기 시작하면서 '히말라야 풀뿌리 여성 자연자원관리연합'에서의 활동을 시작했다. 지속 가능한 환경, 플랜테이션과 재난 문제에 관한 캠페인 활동을 하면서 대학원에서 환경을 전공했다.

여성 문제에 대해 눈을 뜬 것은 풀뿌리 여성 운동가인 이모의 영향이 가장 컸다고 한다. "저는 이모가 하는 일에 참여하면서 히말라야에 사는 여성들의 천연자원 관리 프로그램 일을 시작했어요. 저는 숲에 사는 여성들의 문제에 대해서 많은 것을 알게 되었습니다. 공동체의 리더가 여성이라 하더라도 여성들은 남성에 의존하고 있었어요. 대부분의 여성들은 비문해이고 교육을 받지 못했어요. 또 다른 문제는 가정폭력이에요. 작년까지만 해도 땔감을 구하러 가는 데 1시간이 걸렸다면 이제 여성들은 매일 5시간 이상 땔감 모으는 일을 해요. 일을 하고 돌아가면 시어머니나 남편이 왜 늦었냐며 때려요. 또 다른 문제는 숲에서 여성들이 강간을 당하는 일이에요."

그녀는 네팔에서 여전히 모든 분야에서 엘리트 집단의 남성과 여성들이 주도권을 독점하고 있다고 목소리를 높였다. "저 역시 가부장제 사회의 희생자이고, 제가 일하는 영역 역시 남자 동료들이 독점하고 있어요."

루파의 주요 관심 분야는 자연자원에 대한 여성 권리 애드보커시 활동과 지역 공동체 산림 관리에서 여성의 역할, 산림자원 혜택에서 성 형평성 및 평등에 대한 훈련, 자연자원 관리에서 여성 리더십에 대한 훈련 등이다. 현재 '케어 네팔(Care Nepal)'이 재정을 지원하는 '쿠리아 여성 파워(Chruria Women SHAKTI)' 프로젝트를 맡고 있다. "풀뿌리 여성들 속에서 리더십 개발 프로그램을 진행한 것이 저의 가장 큰 성취예요. 기후 변화 대응과 개발도상국 온실가스 감축 활동에서도 풀뿌리 여성 이슈를 강조합니다. 여성의 목소리를 전달해서 국가 수준의 자연자원 관리 정책 형성에 영향을 미치는 일이지요." 그녀는 여성 활동가로서 풀뿌리 여성 이슈를 위해 일한다는 자부심이 무엇보다 가장 크다고 말했다.

파 키 스 탄

농 촌 여 성 들 의

투 표 권 을 위 하 여

소비아 미르 자만

Sobia Mir Zaman

파키스탄

아우랏트재단 (Aurat Foundation)

지역 코디네이터

6기 EGEP 수료

© 김나연

소비아 미르 자만은 '아우랏트재단'에서 여성 인권에 대한 인식을 제고하고 여성의 정치적 참여를 높이고 커뮤니티 연합을 강화하는 일, 비폭력적인 갈등의 해결을 촉진하고 시민 역량을 강화하는 일에 관심을 쏟고 있다.

소비아는 경제학 전공으로 석사과정을 마쳤지만 사회사업 쪽으로 관심이 많았다고 한다. "대학원을 졸업하고 파키스탄 빈곤해소재단에서 일을 시작했어요. 이후에는 유니세프 기금으로 보건위생 관련 사업을 진행하기도 했지요. 현재 '아우랏트재단'은 수백 개의 농촌 마을에서 2,000여 명의 여성들과 함께 일하고 있어요. 저는 여성의 정치 참여에 관한 사업을 담당하고 있어요. 얼마 전 총선에서도 여성들의 정치 참여를 지원했지요." 그녀는 여성들을 지원하는 여러 사업이 이슬람 여성들의 다양한 상황을 충분히 고려하지 않고 기부자와 공여기관이 원하는 어젠다를 중심으로 진행되는 것은 문제가 있다고 지적했다. 이러한 점을 고려해서 그녀는 여성 정치를 직접적으로 다루기보다 마을 여성들을 위한 보건 교육을 통해 여성의 정치 참여를 독려한다.

하지만 농촌 마을에서 여성들의 정치 참여를 이끌어내는 것이 쉽지만은 않았다고 한다. 마을 전통이라는 이름으로 공적 영역에서 여성을 배제하는 문화가 지속되고 있기 때문이다. "펀자브 주에 있는 사르고다(Sargodha) 지역 유니온위원회의 모든 선거에서 여성 투표율은 '제로'였어요. 문화적, 관습적 장벽의 결과지요. 이 지역의 남성 커뮤니티는 조상들이 여자가 투표하는 것을 금지했다고 진술했어요. 이런 커뮤니티에서 어떻게 여성이 지역 발전에 효율적인 역할을 할 수 있는지 고민했어요. 저는 커뮤니티에서 다양한 여성 활동 그룹을 만들고 포럼을 진행하면서 인식 개선을 위해 노력했고, 그 결과 2013년 유니온위원회의 여성들이 투표권을 얻게 되었지요. 투표 당일에 여성들은 더 이상 집에만 묶여 있지 않고 투표하러 나왔어요. 여성들은 이 같은 독립에 행복해했어요."

마을 여성들이 집 밖으로 나와 투표권을 행사하는 것을 여성의 '독립'이라고 표현하는 그녀. "여성주의 리더십은 커뮤니티의 문제를 해결하는 데 매우 중요해요. 함께 일한다면 불가능은 없어요. 모든 여성은 활동가가 될 수 있고, 리더가 될 수 있으며, 자신의 운명을 만들어갈 능력이 있다고 생각해요"라고 의지를 밝혔다.

© 김나연

우 즈 베 키 스 탄

산 악 지 대 여 성 들 의

안 전 한 환 경 을 위 하 여

딜로롬 쇼디예바

Dilorom Shodiyeva

우즈베키스탄

산의 여성들
(Women of Mountains)

프로그램 코디네이터

6기 EGEP 수료

'산의 여성들'은 산악 지역에 사는 사람들 대부분이 여성이기 때문에 지어진 이름이다. 대부분의 남성들은 러시아에 일하러 가 있고, 여성들이 집안 경제와 가사, 자녀양육까지 모두 책임지고 있다. 딜로롬 쇼디예바는 "저희 아버지도 러시아에서 일을 하셨고 5년에 한 번씩 집에 오셨어요. 많은 남성들이 러시아로 일을 하러 가서 죽었어요. 여성들은 대개 교육을 받지 못했고 남편이나 아버지가 보내주는 돈만 기다려요. 저희 어머니는 교사였고 제가 교육을 받을 수 있게 해주셨어요. 저희 친척과 가족 중에서 저는 유일하게 고등 교육을 받은 여성이에요. 저는 교육을 받았기 때문에 사회 변화를 위해 기여해야 한다고 생각해요"라고 말한다.

우즈베키스탄 산악 지대에서 살고 있는 사람들은 산림자원을 가공 판매해서 생계를 꾸린다. 이 때문에 환경오염이 심각하다. 딜로롬은 "저희 지역 사람들은 모두 물이 오염되었다는 것을 알고 있어요. 저도 오염된 물로 인해 피부병이 생겼고 약을 먹고 있어요"라고 말한다.

딜로롬은 '산의 여성들'에서 여성들이 의사결정 과정에 적극 참여하도록 하는 한편 기후 변화 적응 기술을 개선할 수 있는 효율적 매커니즘을 모색하고 있다. 그리고 바이오 가스 공장을 쿰산(Khumsan) 산악 마을에 세우고, 여성을 위한 일자리를 제공하고, 에코 관광 전문가를 훈련시켰다. 또한 '주부 클럽(Club Housewives)'을 열어서 여성들에게 환경 상황을 분석하고 환경을 보호하는 활동에 관한 교육을 진행하기도 했다. "제가 코디네이터로 참여했던 프로젝트들이 지속 가능한 에너지 글로브 어워드(Energy Globe National Award) 국가 부문에서 두 번이나 1위를 수상했어요. 뿐만 아니라 우리 프로젝트가 2012 RIO+20 여성의 기후적응 부문 우수사례로 뽑혀서 담당자로서 참 자랑스러웠습니다. 산에 거주하는 여성들을 다룬 '구름 속에서의 삶(Life in the Clouds)'이라는 다큐멘터리도 제작했어요."

딜로롬은 모두가 안전한 환경에서 친환경적으로 살아갈 수 있는지를 토론하고 교육하는 일이 보람 있다고 말한다. "많은 연구에서 주변 지역에 있는 여성들의 삶이 녹록지 않다는 걸 보여주고 있어요. 여성 교육은 종종 길을 찾지 못하고 있지요. 하지만 여성들을 교육하는 것은 아이들을 양육하는 것 못지않게 가치가 있고 중요해요"라고 그녀는 역설한다.

대학 공동체에서부터

성 주류화를

실천해야지요

이라쉬 라시다

Irash Rasyidah

인도네시아

여성연구센터
(Women Study Centre
(PSW), IAIN Ar-Raniry)

연구소장

7기 EGEP 수료

© 아시아여성학센터

이라쉬 라시다는 인도네시아 알-라니리 이슬람주립대학교의 연구소인 '여성연구센터'에서 연구소장직을 맡아 4년째 일하고 있다. 연구소장으로서 센터에서 진행되는 프로그램의 전반적인 설계, 계획, 이행을 지원하고, 연구소의 연구 역량 강화를 위해 힘을 쏟고 있다. 여성연구센터의 최근 프로젝트로 평등 부모 교육 프로그램을 이미 통용되고 있는 종교적 언어로 풀어 씀으로써 여성 인권 증진 및 여성폭력 근절 캠페인을 대중적으로 확산시키는 작업을 진행했다.

라시다는 여성연구센터의 연구소장으로서 활동해온 지난 4년이 쉽지 않은 시간이었다고 한다. "제가 연구소장직을 맡아 일을 시작할 때만 해도 여성연구센터는 그리 탄탄한 조직이 아니었어요. 모든 것을 다시 처음부터 시작하는 기분이었죠." 그녀는 연구소장으로서 연구소의 실질적인 기반을 세우고 내부 역량을 강화하기 위해 많은 노력을 기울였다. 여성연구센터의 기반을 다진 후 활동 영역을 대학 공간 전체로 확장했으며, 구체적으로는 대학 내에서 성 주류화 정책의 이행을 이끌어내기 위해 노력해왔다. 대표적으로 지난 2012년 인도네시아 아체 지역의 대학들을 대상으로 성 주류화 정책에 대한 합의를 도출해냈고 이후 해당 지역의 4개 대학에 여성연구센터가 설립되었다. "설립된 지 얼마 되지 않은 대학들이기 때문에 여성연구센터 설립 자체가 지금은 그리 큰 변화로 인식되지 않을 수도 있어요. 하지만 이렇게 뿌려놓은 씨앗들이 곧 큰 열매를 맺을 나무로 성장할 것이라고 믿습니다."

그녀는 정책적 차원에서의 성 주류화 이행뿐만 아니라 대중 강연을 통해 성 평등 개념을 널리 알리는 일에도 매우 큰 열의를 가지고 있다. "기회가 있을 때마다 성 평등과 관련된 강연을 진행해왔어요. 일반 대중, 종교 지도자, 대학관계자를 대상으로 하는 포럼을 개최하는 등 사회 곳곳에서 더 많은 사람들과 여성 평등에 대해 논의하는 노력을 기울이는 것이 중요하다고 생각해요." 이러한 활동의 연장선상에서 라시다는 EGEP에서 만난 아시아·아프리카 여성 활동가들과의 만남에 큰 의미를 부여한다. 그녀는 다른 나라에서 활동하는 여성 활동가들과의 만남을 통해, 여성의 권한 강화와 권리 옹호를 더 향상시킬 수 있는 보다 전문적인 전략과 지식을 얻을 수 있었다고 말한다.

여성·성 소수자 인권에 대한 논의를 확장시키기

아유 레지나 욜란다사리

Ayu Regina Yolandasari

인도네시아

알드하나리 연구소
(Ardhanary Institute)

상담사

7기 EGEP 수료

'알드하나리 연구소'는 1995년에 설립된 비정부기구로 레즈비언, 양성애 여성, FTM 트랜스젠더의 권리에 대한 연구, 연구물 출간 및 정책 제안 활동을 하고 있다. 성 소수자 커뮤니티를 지원하고 폭력 피해자들에게 상담 서비스를 제공하는 등의 일을 한다. 아유 레지나 욜란다 사리는 이 연구소에서 상담사로서 온라인 상담, 전화 상담, 혹은 직접 대면 상담을 하며, 때로는 성 소수자 인권 관련 강의를 진행하기도 한다.

아유는 가부장적인 문화 속에서 성장하면서 언제나 여성·성 소수자에 대한 차별과 폭력에 대해 의문을 가져왔다고 한다. "왜 여성은 남성보다 열등한가? 왜 동성애는 사회적 문제인가? 이런 질문들은 늘 답이 없는 문제였어요. 왜 그런지 도저히 이해할 수가 없었거든요." 여성과 성 소수자를 향한 차별과 폭력 문제들은 풀리지 않는 질문으로 남아 있었고, 한참이 지나 젠더, 섹슈얼리티, 여성주의, 인권 담론 등을 접하게 되면서 점차 해소되기 시작했다. 그녀는 현재 여성과 성 소수자의 인권을 위한 활동을 하고 있는 자신이 자랑스럽다고 말하며 오랜 시간 품어왔던 질문들이 사회 비판적 시각으로 변화하고, 그것들이 자신을 활동가가 되게끔 이끌어주었다고 이야기한다.

아유는 인도네시아에 널리 퍼져 있는 강간신화에 대해 연구한 최초의 학부생으로, 졸업 논문은 학내에서도 우수성을 인정받았다. 졸업 후 단체 활동을 하면서 성폭력 이슈를 다루게 될 때마다, 학사학위 논문을 쓰던 당시 모았던 정보와 참고문헌들을 주변 활동가들과 함께 나누면서 지식의 확장을 이끌어냈다.

그녀는 EGEP를 통해 또 다른 지식과 네트워크를 확장할 수 있기를 기대하고 있다. 여성·성 소수자 인권 이슈를 인도네시아의 맥락에서뿐만 아니라 다른 아시아 국가의 맥락에서 살펴보는 것이 좋은 배움의 기회가 될 수 있기 때문이다. 그녀는 EGEP를 통해 만난 아시아의 여성 활동가들이 이후로도 같이 협력할 수 있는 활동가 동지가 될 것이라고 믿는다. 아유는 현재 이화여자대학교 여성학과 석사과정에 진학해 연구자로서 여정을 이어나가고 있다.

© 아시아여성학센터

지역 경제 발전은 폭력 없는 지역 문화 건설과 함께

데마 페마

Dema Pema

부탄

게살링 지역관리소
(Block Administration
of Gesarling)

지역 코디네이터

7기 EGEP 수료

데마 페마는 '게살링 지역관리소'의 지역 코디네이터로 일하고 있다. '게살링 지역관리소'는 2008년에 설립된 단체로 지역 커뮤니티의 활성화를 위한 활동을 한다. 가장 저개발된 지역 중 하나인 가가나(Gagana) 지역을 책임지고 있는 데마는 지역 코디네이터의 활동을 통해 여성 인권 이슈를 체감하게 되었다고 설명한다. "제가 하는 일은 지역 주민들과 긴밀하게 소통하는 일이에요. 그렇기 때문에 그들의 생활을 속속들이 잘 알게 돼요. 그러다 보니 가정폭력 피해 여성들의 고통에 대해서 자연스럽게 많이 접하게 되었어요." 쉽게 드러나지 않는 치부로 여겨지는 가정폭력 피해 여성들의 사례들을 계속 접하게 되었던 그녀는 지역 여성의 역량 강화를 위한 활동의 필요성을 절감하게 되었고 그 결과 여성운동단체에 가입하게 되었다고 한다.

데마는 지역관리소의 지역 활동가이면서 동시에 리뉴(RENEW)의 회원으로도 활동하고 있다. 리뉴는 'Respect(존중)' 'Educate(교육)' 'Nurture(양육)' 'Empower(역량 강화)' 그리고 'Women(여성)'의 약자로, 폭력 없는 사회를 만들기 위한 여성운동단체이다. "부탄에는 여성들의 문맹률이 높아요. 그래서 여성들에게 기본권을 이해시키고 교육하기가 어려운 면이 있어요. 여성은 약한 젠더라는 인식이 있어서 일상 속에 여성에 대한 학대와 폭력이 깊이 연결되어 있어요." 그녀는 지역의 경제 발전과 여성폭력 근절 활동은 함께 병행되어야 한다고 주장하며 지역 활동과 여성 인권을 위한 활동을 같이 할 수 있는 방안을 모색 중이다.

데마는 2013년 남아시아 여성주의 역량을 증진하기 위한 프로그램에 참여했던 경험이 즐거운 추억이었다고 기억한다. "방글라데시, 인도, 부탄, 네팔 등 여러 남아시아 여성 활동가들을 만나며 많은 것을 배웠어요. 그때의 즐거운 기억이 아직도 생생합니다." 데마는 EGEP 역시 그런 경험이 될 것이라고 기대한다. "서로에게서 활동의 역량과 기술을 배우고, 여성주의적 인식을 강화하며, 서로를 지지하는 시간을 보낼 기대감에 부풀어 있어요."

인도 선주민 여성들이 일구어내는 공동체

사우미 랄말
Sawmi Lalmal

인도

조 원주민 포럼
(Zo Indigenous Forum)

프로그램 코디네이터

8기 EGEP 수료

© 김나연

인도어에서 '조(Zo)'는 산사람(hill people)이라는 뜻을 가진 원주민 부족을 일컫는다. 사우미 랄말이 활동하는 '조 원주민 포럼'은 인도 북동쪽 미조람 지역의 풀뿌리단체이다. 조 원주민 사회는 여전히 강력한 성 고정관념과 성 역할을 고수하고 있으며 가족, 사회 내에서 여성의 위치와 인권은 아직 매우 낮은 수준이다. 조 원주민 출신인 사우미는 인도와 미얀마 국경 지대의 지역 여성 및 원주민 여성들의 삶의 문제에 더 관심을 가져야 한다고 힘주어 말한다. 국경 지대 지역 주민들의 삶은 국가의 지원 및 정책의 영향력이 높지 않기 때문에 그만큼 많은 어려움이 산재해 있다는 것이다. 사우미는 여러 시민단체에서 주로 원주민의 권리 보호, 그들에 대한 인식 개선을 위한 활동, 인도-미얀마 국경 지대 여성들의 건강 증진 및 인식 개선, 미얀마 출신 이주 여성에 대한 지원 및 교육 등의 활동을 주로 해왔다.

"'조 원주민 포럼' 회원들은 한 달에 두 번씩 정기적인 모임을 가지면서 지역 여성들이 겪는 어려움을 확인하고 자체적으로 해결 방안을 모색하고 있어요. 더딘 움직임이지만 이 모임들이 활성화되어가고 있고, 그 결과 여성이 중심이 되어 새롭게 공동체를 만들어간다는 점에서 큰 의미가 있어요."

사우미는 인도와 미얀마 국경 지대의 지역 여성 및 원주민 여성들의 역량 강화를 위한 활동을 하면서 현실의 작은 변화를 만들어내는 것에 큰 보람을 느낀다. 인권에 대한 인식이 높지 않은 지역에서 여성의 인권 증진과 역량 강화를 위한 활동을 진행하는 것은 많은 어려움이 따르지만, 그 어려움을 헤쳐 나가며 주변화된 여성들의 목소리를 드러내고 현실의 변화를 만들어내는 것이야말로 가장 보람 있는 일이라고 생각한다. 그녀는 또한 여성들의 자치 공동체를 구성하는 것뿐만 아니라, 관련 지역의 문화 및 정책 연구를 진행하는 것 역시 사업의 중요한 부분이라고 말한다. 연구 사업을 통해 지역의 특수성을 알리고 그에 대한 지원을 늘릴 수 있기 때문이다.

사우미는 아시아와 아프리카의 여성 활동가가 한자리에 모이는 EGEP를 통해 국경 지대 여성들의 삶을 개선하는 활동을 하고 있는 여러 나라의 여성 운동가들을 만나 새로운 아이디어와 고민을 나누고 싶다고 말한다.

지역 도서관은 마을과 사람을 잇는 공간

양리리
Yang Lily

한국

서대문도서관 친구들
(The Friends of
Seodaemun Library)

창립자/대표

8기 EGEP 수료

© 홍혜미

양 리리가 사회 문제에 관심을 갖게 된 이유는 가족의 배경과 무관하지 않다. 화교 출신인 어머니와 한국인 아버지 사이에서 태어난 그녀는 어려서부터 정보에 대한 접근의 차이, 정보 격차의 차이를 경험하며 정보의 중요성을 체험했다고 술회한다. 무엇보다 화교 출신이자 장애가 있는 어머니가 한국 사회에서 소수자로서 겪어야 했던 경험, 그리고 여성으로서 자신의 결혼, 출산 경험을 통해 한국 사회의 편견과 차별, 그리고 폭력 등에 대해 민감성을 갖게 되었다. 특히 이화여자대학교에서 진행한 '이화-유한킴벌리 NGO 여성활동가 리더십 과정'에 참여하면서 더욱더 사회적 이슈, 여성주의적 이슈에 대한 관심이 커졌다.

"누가 얼마만큼의 정보를 갖는가가 중요한 시대예요. 따라서 사회적 평등을 이끌어내는 데 공공도서관, 지역 책방 등이 사회적 소수자들에게 더 활짝 열려 있어야 해요."

리리는 '서대문도서관 친구들'에서 진행했던 지역 서점 폐점 반대 운동을 예로 들어 설명한다. 지역 개발을 이유로 53년간 영업을 해온 신촌 홍익문고의 폐점에 반대하는 지역 주민 모임을 제안하고 지속적으로 활동을 이끌어왔다. "내가 사는 동네에 서점이 하나도 없다는 것은 창피한 일"이라는 그녀는, 오랜 시간 동안 지역 주민의 삶의 역사와 추억을 함께한 지역 서점이 개발의 논리에 의해 사라지는 것을 지켜볼 수만은 없었다. 그녀는 정보를 나누고 문화를 나누는 지역 서점의 역할을 강조하면서, 서점을 폐점하고 모텔을 건설하려는 것이 과연 재개발의 올바른 방향인지에 대해 문제를 제기했다. 많은 사람들이 이 활동에 동참하면서 결국 지역 서점의 폐점을 막아낼 수 있었다.

리리는 정보 불평등을 해소하기 위해서는 지역 도서관의 역할이 중요하다고 몇 번이나 힘주어 말한다. '서대문도서관 친구들'에서는 지역 주민이 더욱 편하게 지역 도서관을 이용할 수 있도록 대중교통 접근성을 개선하고, 지역 주민이 도서관 운영을 직접 지원함으로써 지역 도서관이 문화 공간으로 자리 잡을 수 있도록 노력하고 있다.

그녀는 정보 불평등이 사회 빈부 격차, 불평등, 소외 등의 문제를 더욱 심화시킨다고 비판하며, 누구나 성별, 계급, 연령에 상관없이 동등하게 정보에 접근할 수 있고 정보를 활용할 수 있어야 한다고 이야기한다.

© 김나연

히말라야
여성 트레킹 가이드,
남성의 영역을
뛰어넘다

딥자야 칼키 체트리
Dipjaya Karki Chhetri

네팔

네팔 여성 역량 강화 (Empowering Women of Nepal)

프로그램 담당관

9기 EGEP 수료

딥자야 칼키 체트리는 네팔 포카라에서 성장했다. 그녀가 활동하고 있는 '네팔 여성 역량 강화'는 히말라야 등반 여성 트레킹 가이드의 선구자인 세 자매(Lucky, Dicky, Nicky Chhetri)의 후원으로 1999년에 설립된 민간단체로, 지역 여성들에게 교육, 직업 그리고 창업의 기회를 제공하고 있다. 특히 히말라야 지역 관광 산업을 지역 여성 커뮤니티와 연계시킴으로써 이전까지 남성들이 전유해온 트레킹 가이드라는 직업을 지역 여성들이 도전하고 성취할 수 있도록 돕고 있다.

"네팔에는 여성을 지원하는 NGO들이 많이 있어요. 대부분 수공예, 요리, 미용과 같은 여성 일자리 교육이 많아요. 그런데 저희 단체의 설립자인 세 자매는 왜 여성은 소스나 피클만 만들어야 하느냐고 반문했어요. 그들은 가이드 자격증이 없었지만 트레킹 길을 알고 있기에 우연히 가이드를 하게 되었고 이 경험을 토대로 여성도 트레킹 가이드를 할 수 있겠다고 생각했어요. 더 많은 여성 트레킹 가이드를 양성하기 위해 1년간 교육을 제공했어요. 사실 가이드는 쉬운 일이 아니에요. 많은 지식과 정보를 가지고 있어야 하고 영어도 잘해야 해요. 여전히 여성 가이드들은 무시당하는 일이 종종 있지만 과거보다는 여성들이 가이드나 암벽등반 강사가 되는 것을 격려하고 응원해요."

딥자야가 담당하고 있는 'GOAL 프로그램'은 특히 10대 소녀와 여성들의 리더십 역량 강화를 목표로 하는 프로젝트로 그녀가 강한 자부심을 갖고 있는 프로그램이기도 하다. 자기 자신이 되기, 역량 증진하기, 건강하기, 경제에 대한 이해 증진하기라는 네 가지 목표를 갖고 매주 4시간씩 진행되는 이 프로그램은 기술 교육 및 각종 스포츠 프로그램으로 구성되어 있다. "저희 지역의 소녀들은 매우 부끄러움이 많아요. 대부분 가족들의 지원을 받지 못합니다. 너는 여자고 남자랑 결혼을 해야 한다는 말을 듣고 자라요. 또한 자기의 감정을 잘 표현하지 못하고 자신감이 없습니다."

그녀는 배구, 축구, 농구, 수영, 암벽 등반 등 스포츠 활동을 통해 지역 여성들의 몸적 표현, 여성의 몸에 대한 인식, 삶에 대한 태도가 점차 변하는 과정을 함께하는 것이 큰 보람이라고 한다. 여성들이 목소리를 낼 수 있게 하는 단체 활동을 하면서 스스로도 자신감이 생겨난 것도 큰 수확이라고 말한다.

© 김나연

환경 교육을 넘어

에코 관광

프로젝트로

컷 디안 트리스니아쉬

Cut Dian Trisniasih

인도네시아

르우제르 국제재단
(Leuser International
Foundation)

환경 교육 프로젝트 팀장

9기 EGEP 수료

'르우제르 국제재단'은 인도네시아 최초의 환경운동단체로 지역 자연환경을 보존하기 위한 활동을 한다. 컷 디안 트리스니아쉬는 이곳에서 환경 교육 프로젝트 팀장으로 활동하며 지역 커뮤니티와 여학생을 대상으로 환경 교육을 하고, 마이크로 파이낸스 운영 및 여성 자조 그룹과의 협업 지원 등을 담당하고 있다.

자신의 활동을 소개하는 컷 디안한테서는 경력 17년 차 활동가의 내공이 단단히 묻어나왔다. 그녀가 사는 르우제르(Leuser) 지역은 약 2백6십만 헥타르에 달하는 산악 지대로 희귀동물의 안식처이자 생물 다양성의 보고이지만, 벌목꾼들이 나무를 베어 팔기 시작하면서 재난이 발생했다고 한다. 벌목꾼들은 나무를 팔아 동네를 떠났지만, 주민들은 그들이 떠난 그 지역에서 힘들게 살아가고 있다.

컷 디안은 지역 공동체를 위한 환경 교육을 통해 지역 주민의 인식 변화 교육을 수행하고 있다. 지역 커뮤니티 대상 환경 교육을 진행하는 데 있어 어머니 대상 교육을 반드시 진행하고, 선생님과 학생, 여성들을 교육하기 위해 마을 구석구석과 학교를 돌아다니면서 이동도서관과 영화관을 운영한다. 이를 위해 교과서, 만화와 같은 교육 자료를 활용하는 등 지역 주민들에게 더 가까이 다가갈 수 있는 교육 방법들을 모색하고 있다. 여성 교육 사업 중에는 마이크로 파이낸스 운영에 관한 교육 프로그램도 있는데, 여성들에게 소액 대출이 줄 수 있는 도움 등을 안내하고 절차를 함께 모색하는 방법으로 이루어진다고 한다.

그녀는 지역 주민에 대한 교육의 연장선상에서, 지역 정부와의 협의를 거쳐 르우제르 지역 자연환경에 대한 내용을 교과서에 수록하기로 한 것을 매우 긍정적인 사업 성과라고 평가한다. 또한 그녀는 환경 교육 프로젝트들을 운영하며 얻게 된 노하우를 바탕으로 새로운 트레이닝 프로그램을 구성하고 있다고 밝혔다. 새로운 트레이닝 프로그램이 효과적으로 수행된다면, 이는 에코 관광 프로젝트로 연결되어 르우제르 지역의 자연환경이 커뮤니티의 경제에도 긍정적 영향을 미칠 것으로 기대된다.

그녀는 환경 운동에 여성들이 적극 동참하게 된다면 환경 보전과 성 평등 실현이라는 두 가지 가치를 함께 이루어낼 수 있으며, 이러한 활동이 인도네시아 사회 발전에 크게 기여할 것이라고 믿는다.

교 육 을 통 해

아 체 지 역 공 동 체 를

재 건 하 다

안나 크리스티 스왈디

Anna Christi Suwardi

인도네시아

평화건설을 위한 공감센터
(Dialogue, Empathic Engagement and Peacebuilding, DEEP)

협업 부서 담당자

9기 EGEP 수료

© 김나연

'평화건설을 위한 공감센터'는 자유, 정의, 평등과 지속 가능한 평화 실현을 목표로 활동하는 단체로, 안나 크리스티 스왈디는 족자카르타 지부에서 교육 분야를 담당하고 있다. 특히 인도네시아 아체 지역의 분쟁 이후 지역 여성들이 공동체의 재건에 참여하도록 하는 일에 관심이 많다.

안나는 지난 2004년 아체 지역에 발생한 쓰나미 이후 많은 NGO들의 지원이 아체 지역으로 몰려들었지만 실제 접근 방식에 문제가 있었다고 날카롭게 지적한다. 모든 NGO에서 똑같이 어린이들에게 사탕을 지급한 일이 그 대표적인 사례이다. 이들에게는 사탕뿐 아니라 수건이나 다른 물품들이 필요함에도 불구하고 이에 대한 충분한 고려 없이 기계적인 지원이 이루어졌다는 것이다. 그녀는 자선과 같은 방식으로는 어떤 것도 해결되지 않으며, 다양한 NGO들이 협력해 더 나은 성과를 만들어나갈 필요가 있다고 말한다.

안나는 2011년 이후 아체 지역에 대한 지원이 대부분 중단되거나 자선적 명목의 지원만이 계속되면서 상황이 더욱 악화되었는데, 이 와중에도 여성단체들은 교육을 통해 사람들의 의식을 변화시키고자 많은 노력을 기울이고 있다고 설명한다. 여성단체들은 특히 여성의 정치적 역량 강화와 민주주의 확립을 위한 교육을 하면서 동시에 평범한 일상을 되찾고 커뮤니티를 재건할 수 있는 방법을 계속 모색해나가고 있다. 여성의 인권 향상을 위해서 여성 교육의 중요성을 역설하는 그녀는 이러한 교육적 접근이 지속 가능성을 확보하고 있다고 믿는다.

여성과 남성이 평등한 존재라는 믿음은 그녀의 가장 기본적인 신념이다. 안나는 여성과 남성이 불평등한 삶을 사는 것은 여성이 처한 사회적 조건, 즉 주변화된 여성의 목소리, 일·가정의 이중 부담, 여성의 저임금 노동 때문이라고 분석한다. 그녀는 여성주의 운동의 적극적인 개입으로 사회를 변화시켜야 하며, 그 과정에서 성 평등이 이루어질 수 있다고 믿는다.

평화와 여성 이슈에 대해 이야기할 때 '당신은 그렇게 큰 문제를 감당할 만한 충분한 에너지를 갖고 있느냐'는 질문을 종종 받는다고 한다. 안나는 직접적인 대답 대신에, 자신은 지금 작은 일들을 하고 있지만 그러한 일들이 평화를 위해, 성 평등을 위해 기여할 것으로 믿는다고 대답한다.

소 수 민 족 여 성 의

권 리 를 지 키 는

일 을 합 니 다

자흐라 라조울리

Zahra Rasouli

아프가니스탄

이란과 쿠르드 여성의 권리기구 (Iranian and Kurdish Women's Rights Organization)

고문

9기 EGEP 수료

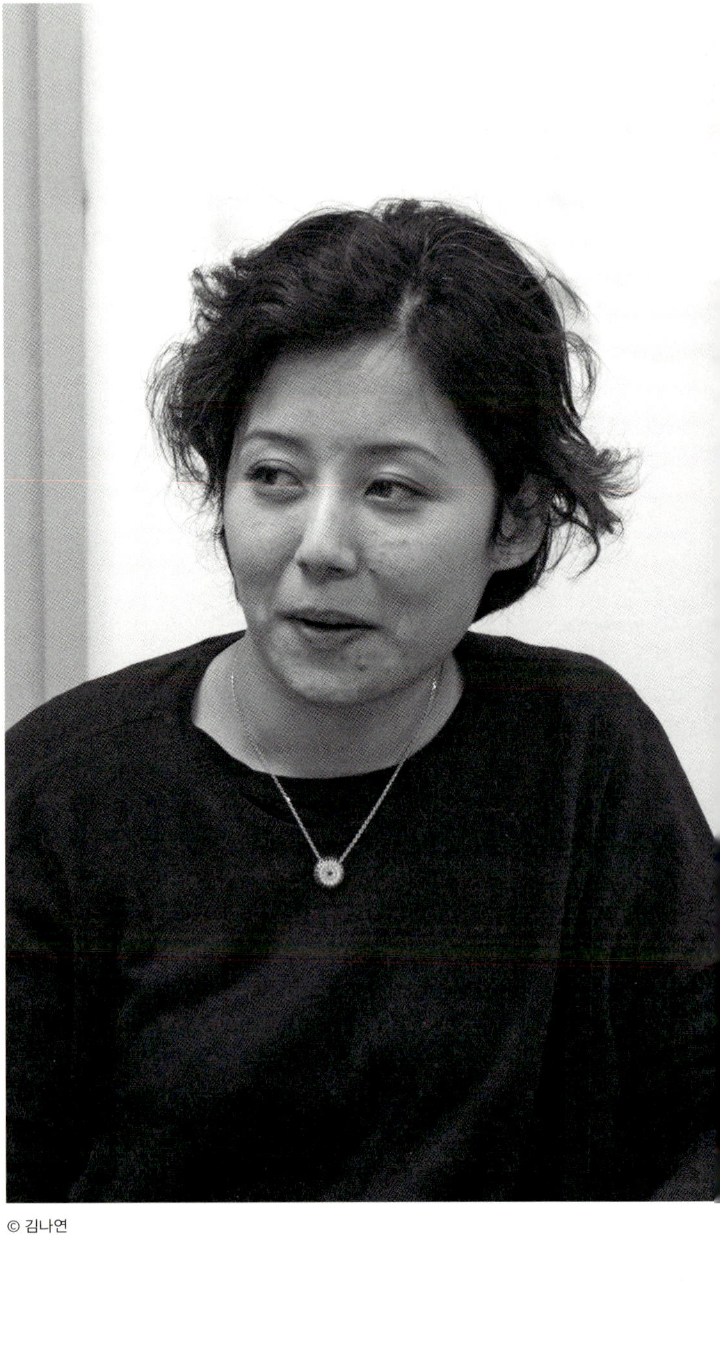

© 김나연

‘이란과 쿠르드 여성의 권리기구’는 2002년 설립된 런던 소재 여성 인권 지원단체이다. 이 단체는 중동 지역 및 아프가니스탄 출신 여성이 처한 ‘명예’ 살인, 강제결혼, 조혼, 여성 성기 훼손 및 가정폭력의 문제를 근절하고 여성의 권리 증진을 위해 활동한다. 또한 피해 생존자를 위한 캠페인, 교육, 상담 등을 제공하며, 영국 국회와 경찰, 관련 공공교육기관을 대상으로 소수민족 지원과 관련한 애드보커시를 전개하고 있다.

“지금 저는 일주일에 한 번 또는 두 번은 시위에 참여하고 있어요. 아일랜드를 위해서, 시리아를 위해서, 쿠르드 여성을 위해서. 저는 소수자 인권에 대해 관심이 많은데 저도 아프가니스탄에서 소수민족 출신이에요. 우리 민족은 ‘민족청소’라는 이름으로 파키스탄에서 노예로 부려졌던 역사가 있어요. 이런 문제를 알리고 해결하기 위해 영국 국회에 로비를 해요. 국회를 통해서 소수민족 사람들을 위한 지원기금을 마련하는 거지요.”

자흐라는 아프가니스탄 전쟁을 피해 이란으로 난민 신청을 한 부모님 밑에서 태어나 이란에서 유년 시절을 보냈다. 그녀의 가족은 아프가니스탄 전쟁의 참혹함을 피할 수 있었지만, 이란에서 난민으로 살아가는 것은 또 다른 차별과 폭력에 노출되는 삶이었다. 다행히 그녀는 이란에서 고등 교육을 받을 수 있었지만, 아프가니스탄으로 돌아와 모국이 처한 참혹한 전쟁과 폭력의 실태를 목도하게 되었다. 그녀는 아프가니스탄 여성부에서 일하면서, 아프가니스탄 최초의 여성 행정관인 하비바 사라비 박사(Dr. Habiba Sarabi)와 최초의 여성 대통령 후보였던 마수다 잘랄 박사(Dr. Massouda Jalal)에게서 큰 영향을 받고 여성의 권리를 위해 헌신해야겠다는 의지를 더 강하게 갖게 되었다고 말한다. 이후 여성의 권리에 대해 공부하고자 이화여대의 EGEP 과정을 이수하고, 2011년 아프가니스탄에 돌아가서 여성 경제인들을 지원하기 위한 5년 계획을 수립하는 활동에 참여했다.

폭력 피해 여성들을 지원하는 활동을 하다 보면 가해자들의 위협과 폭력에 노출되어 어려움을 느끼지만 피해 생존자들이 다시 새로운 삶을 시작하는 것을 지켜보는 보람이 더 크다고 말하는 자흐라의 얼굴에서 자신의 일에 대한 자부심이 묻어난다.

© 김나연

여 성 을 위 한

사 회 사 업 ,

그 꿈 을 위 하 여

에만 함단
Eman Hamdan

팔레스타인

팔레스타인 대학생 이니셔티브 (Palestinian Initiative for Supporting Students)

공동 창립자/프로그램 매니저

10기 EGEP 수료

에만 함단은 대학에서 경영학을 전공하고 회사와 시민단체에서 일하다가 2013년에 뜻을 같이하는 이들과 함께 '팔레스타인 대학생 이니셔티브'를 창립했다. 이 단체는 주로 지역 청소년들의 교육을 지원하고 청소년들의 시민의식 증진을 이끌어내는 활동을 기획·실행하는 일을 한다. 에만은 '팔레스타인 대학생 이니셔티브'의 운영에 전반적으로 참여하며, 특히 지역의 영소기업 지원과 여성의 역량 강화라는 두 측면에 관심을 가지고 있다.

에만은 여성의 역량 강화는 다름 아닌 교육을 통해서 이루어진다고 믿는다. 교육을 통해서 여성들은 자신의 권리에 대해 인식하게 되고 성 평등의 개념을 이해하며 성 불평등한 현실을 대면할 수 있기 때문이다. 교육을 받은 여성은 조혼과 젠더폭력의 문제성을 보다 쉽게 지각하고 그 본질을 이해하며, 설령 그러한 일들을 경험했다 하더라도 그로 인한 사회적·심리적 피해를 보다 적게 입도록 자기 자신과 환경을 관리할 수 있다. 물론 교육의 기회는 경제적 지원 없이는 얻을 수 없다. 팔레스타인에서 1년간 대학 교육을 받기 위해서는 2,000달러 정도의 학비를 내야 한다. 가난한 팔레스타인 가정에는 대단히 큰 액수이다. 그렇기에 대부분의 가정은 딸이 아닌 아들만 대학에 보낸다. 팔레스타인에서 경제적으로 어려움을 겪고 있는 대학생들의 70%가 여자 대학생인데, '팔레스타인 대학생 이니셔티브'는 이들 여대생에게 경제적 지원을 하는 일을 수행하고 있다.

물론 경제적 지원만으로 끝나는 것은 아니다. 장학금을 지원받은 대학생들은 자신이 속한 지역의 청소년들(초등생 또는 중등생)에게 교육을 제공함으로써 사회적 교육과 상호 역량 강화의 선순환을 만들어낸다. 이 프로그램을 통해 2013년부터 3년간 총 273명의 소녀들이 대학에 진학했으며, 800여 명의 어린 소녀들이 이들로부터 공부를 지도받았다.

'학생과 학생 엮어주기' 프로젝트를 지속하기 위해서는 안정적인 재정 지원이 필요하다. 지역 사회의 지원만으로는 턱없이 부족해 국제기구의 지원을 받기도 한다. 에만은 장차 독립적인 여성 경영인으로서 여성들을 위한 다양한 사회사업을 펼쳐보고 싶다. 이 미래의 꿈을 아시아·아프리카의 다른 여성 활동가들에게 털어놓고 지혜를 나누어 받은 EGEP의 경험이 너무 소중하다며 에만은 활짝 웃는다.

© 김나연

여성 노동자들이 만든 온라인 커뮤니티

쑨 쥐에
Sun Jue

중국(홍콩)

하프더스카이 공공교육
(Half The Sky Public Education)

상임대표

10기 EGEP 수료

쑨 쥐에는 2010년 시민단체 '하프더스카이 공공교육'을 창립하고 6년째 총책임자로 활동해 오고 있다. 급격한 현대화·도시화 물결의 한가운데에 속해 있는 도시 노동 계급 여성들의 역량 강화와 삶의 질 향상을 비전으로 하는 이 단체는 주로 미디어 기술을 활용한 시민 교육과 정보 교류에 앞장서고 있으며, 특히 산업 현장 안팎에서 여성에 대한 폭력을 예방하고 여성의 노동권을 보장하기 위해 노력하고 있다.

그녀가 가장 자랑스러운 성과로 꼽는 일은 일자리를 찾아 농촌에서 도시로 이주한 여성들이 생활에 필요한 각종 정보를 손쉽게 접할 수 있도록 웹사이트 '지앤지아오 불루오(Jianjiaobuluo, Jianjiao는 중국어로 고추를, Buluo는 촌락, 커뮤니티를 말함)'를 만든 것이다. 건강·생활·교육·법률 등에 관한 다양하고 신뢰할 수 있는 정보를 제공하는 동시에 간편한 SNS 기능을 포함하고 있는 이 사이트는 여성 노동자들이 노동권 침해 및 폭력 피해를 알리고 예방하는 교류의 장으로 빠르게 자리 잡았다. 그녀는 이 사이트를 만들기 위해 3년의 준비 과정이 필요했다고 한다. 여성 노동자들이 자연스럽게 목소리를 낼 수 있고, 또 그 목소리를 들은 다른 사용자들이나 자문단이 실질적인 도움을 제공할 수 있는 온라인 환경을 만들기 위해 홍콩과 중국의 노동 및 인권 관련 비정부단체들을 포함한 여러 관계자들과의 오랜 논의와 아이디어 숙성의 과정을 거친 것이다.

여성에 대한 차별과 폭력이 끊이지 않는 현실에 가슴 아플 때도 많지만 쥐에는 '하프더스카이 공공교육'에서 일하는 것이 행복하다고 말한다. 여성주의는 그녀에게 변치 않는 삶의 원동력이다. 다양한 삶의 모습으로 만나게 되는 여성들로부터 배우고 힘을 얻으며 보람을 느껴왔다. 동시에 하나의 케이스가 마무리될 때마다 자신의 부족함을 느끼며 도움을 필요로 하는 여성들에게 더욱 효과적으로 다가갈 수 있는 방법에 대한 고민 또한 깊어갔다.

EGEP는 이러한 고민을 집중적으로 생각해 볼 수 있는 좋은 기회였다. 아직 완전한 답을 찾지는 못했지만, 쥐에는 중국의 수십만 여성 노동자들이 즐겨 찾는 커뮤니티의 책임자로서 어떻게 효과적이고 지속 가능한 여성주의 리더십을 확립하고 실천해나갈 것인가 하는 어려운 물음에 대한 답을 향해 천천히, 그러나 멈추지 않고 걸어가려고 한다.

원주민 여성들에 의한, 원주민 여성들을 위한 운동

소띠아 속
Sothea Sok

캄보디아

캄보디아원주민기구
(Cambodia Indigenous
Peoples Organization)

기술 및 연구 자문가

10기 EGEP 수료

© 김나연

소띠아 속은 '캄보디아원주민기구'에서 기술 및 연구 자문가로 활동 중이다. 이 단체는 원주민들의 능력 함양을 지원해 그들이 자신의 재산권을 향유할 수 있도록 돕는 것을 목표로 한다. 특히 원주민 커뮤니티에 다양한 법적 지원을 제공하고, 국가적·국제적으로 원주민 이슈에 대한 인식 증진 캠페인을 진행하는 등의 일을 한다. 소띠아는 기술 및 연구 자문가로서 이 단체의 사업 전략, 예산 수립 등의 업무를 담당하며, 지역 커뮤니티의 토지 분쟁에 대한 연구 및 원주민 관련 데이터 수집을 위한 연구를 진행하고 있다.

그녀는 '캄보디아원주민기구'에서 일하기 이전에 다양한 단체에서 활동했는데 모두 여성과 소녀들의 권리 증진을 목표로 하는 활동이었다. 유흥업소에서 일하는 여성 노동자들의 건강권과 노동권을 알리는 캠페인을 진행했으며, 여성폭력을 근절하고 정치 공간에서 여성의 참여 비율을 높이기 위한 사업을 수행하기도 했다. 이러한 활동들은 모두 여성에게 가해지는 폭력과 차별을 근절하고 여성의 권리를 증진하기 위한 활동이었다는 점에서 공통적이며, 이 과정을 통해 소띠아는 보다 더 전문적인 여성주의 활동가로 성장할 수 있었다.

활동가로서의 경험이 쌓이면서 소띠아는 지역 원주민 여성들의 지혜를 활용하고 그녀들이 직접 발언할 수 있는 기회를 만드는 일이 중요하다는 것을 거듭 깨닫게 되었다. 그녀가 당면하고 있는 현재의 과제는 지역 원주민 여성들이 주체가 되어 그들의 열정으로 이끌어갈 프로그램을 지속적으로 개발하는 것이다. 캄보디아에서 소수민족 원주민의 대표성 문제는 아직 적극적으로 다루어지지 않고 있는 이슈이며, 원주민 여성의 대표성 문제는 더욱 그러하다. 그렇기 때문에 원주민 여성들에 의한, 그녀들을 위한 프로그램을 만들어가기 위해 소띠아는 많은 준비가 필요하다고 생각한다.

EGEP에 참여하는 것은 여성주의 이론과 실천 능력을 함께 키울 수 있는 드문 기회라고 생각했다. 특히 아시아의 여러 활동가들과 교류하면서 지역 원주민 여성들의 삶의 질을 개선할 좋은 아이디어를 얻고 싶다는 열망을 가지고 교육에 참여했다. 그녀는 캄보디아로 돌아가 EGEP에서 얻은 지식과 네트워크 자원을 지역 원주민 여성들과 함께 나눌 수 것을 상상하면 새로운 힘이 솟는다고 말한다.

어려움에 처한
여성들을 위한
무료 법률 서비스

웨기리야 위라소리야쥐 파드미니 니로시카 웨기리야

Wegiriya
Weerasooriyage
Padmini Niroshika
Wegiriya

스리랑카

법과 사회 트러스트
(Law and Society Trust)

연구 담당자

10기 EGEP 수료

© 김나연

웨기리야 위라소리야쥐 파드미니 니로시카 웨기리야는 '법과 사회 트러스트'에서 연구 담당자로 일하고 있다. 이 단체는 시민권, 정치·사회·경제·문화적 권리와 인권 증진을 위해 활동하는 비영리단체이다. 정부와 남아시아 지역 단체들과의 협업을 통해 민주화, 인권, 소수자 보호를 위한 활동을 수행하고 있으며, 특히 전쟁 피해자 여성들을 위한 지원과 역량 강화, 평화와 화해를 위한 활동 등을 진행한다. 여기서 웨기리야는 젠더 이슈, 법 개정, 성희롱 방지를 위한 프로그램 등에 대한 연구 업무를 진행하고 있으며 동시에 연구팀의 인턴들을 교육하는 책임도 맡고 있다.

웨기리야는 고등 교육을 받은 여성으로서 늘 스리랑카 여성들이 겪는 차별과 고통에 관심을 가져왔다. 스리랑카 여성들은 대부분 자신들의 권리를 박탈당하고 그에 대한 법적 지원을 받지 못하고 있다. 이는 대부분 법에 대한 무지와 경제적 어려움, 그리고 사회적 낙인 때문인 경우가 많다. 그녀는 변호사로 활동하면서 이러한 어려움에 처한 여성들에게 무료 법률 서비스를 제공해왔다.

"제가 흥미를 가지고 있는 지점은 스리랑카 여성들에게 법적 접근성을 확대하는 것입니다. 사실 저는 여성학 코스워크 석사과정을 2학기째 하고 있는데 거기서 어떻게 하면 스리랑카 여성들에게 법적 접근성을 높일 수 있을지에 대해 공부를 하고 있어요. 그래서 다른 종류의 장벽을 마주하고 있는 여러 그룹의 여성들에 대해 연구하고 있어요. 스리랑카 사회에는 여성들에 대한 다양한 차원의 장벽이 있어요. 저는 그에 관한 연구논문을 준비하고 있습니다."

사실 두 아이의 엄마로, 아내로, 변호사로 일하면서 석사과정을 이수하는 것이 쉬운 일은 아니었다. 그래도 웨기리야는 남편과 가족의 지원 속에서 무사히 석사과정을 마쳤으며 이후 박사과정에 진학할 계획이 있다. 궁극적으로는 인권과 관련한 연구와 활동을 계속하고자 한다. EGEP 역시 인권 활동가로서 성장하기 위한 자극과 동기를 찾기 위해 지원했다. EGEP에 참여해 아시아와 아프리카 각국의 여성 이슈와 이를 해결하기 위한 다양한 노력들을 보고 들으며 웨기리야는 예전에는 생각하지 못했던, 스리랑카 여성들을 지원하기 위한 여러 아이디어와 통찰을 얻게 되었다며 기뻐한다.

식 량 안 전 을 지 키 는

가 나 여 성 농 업 전 문 가

파리야 아부바카리

Fariya Abubakari

가나

여성농업환경센터
(Centre for Women Initiative, Agriculture and Environment)

총괄 책임자

10기 EGEP 수료

© 김나연

파리야 아부바카리는 '여성농업환경센터'에서 총괄 책임자로 일하고 있다. 가나의 북동 지역을 기반으로 하는 이 단체는 2명의 젊은 여성들에 의해 설립된 비영리단체이다. 빈곤을 해소하고 지역 주민들에게 기후 변화와 환경·건강 문제에 대한 교육을 제공하며, 기후로 인한 난민을 지원하는 것을 비전으로 삼고 있다. 이러한 비전을 실천하기 위해 여성의 권리 증진과 성 평등의 실현을 위한 방안을 함께 모색하고 있다. 파리야는 이 단체의 사업 전반을 기획, 운영, 평가하는 업무를 맡고 있다.

그녀는 가나의 북쪽 지역에 위치한 작은 산업 도시에서 자랐다. 이 지역은 가나의 평균 빈곤율의 두세 배를 상회하는 빈곤 도시이며, 지역 주민들의 대부분이 농업에 종사하고 있다. 이 구조적 빈곤 상황 속에서 여성 농민들은 더 많은 어려움을 겪고 있다. 파리야는 지역의 여성 농민들이 농업 현대화를 위한 여러 자원과 기회를 얻지 못한 채, 불안정한 경제적 환경과 식자재 공급 등의 문제에 노출되어 있다고 지적한다.

"제 관심사는 농업에 대한 것입니다. 페미니스트로서의 제 삶은 제가 속한 공동체에서 여성 농민의 삶을 목격했을 때부터 시작되었어요. 특히 식량 공급의 불안정성과 관련해서요. 농부였던 이모를 보면서 전 농업과 관련된 일을 하기로 결심했어요. 가나 북부의 농업 현대화에 기여하고 기아에 맞서 싸우는 것이 제 꿈이고 우선순위였어요."

지역의 빈곤 문제를 해결하기 위한 파리야의 노력 중 하나는 토양 학자로서 지역 농부들에게 필요한 조언을 하는 것이다. 파리야는 지역 주민들의 농업 생산량이 기후 조건과 낙후한 농사 기법으로 인해 안정적이지 못한 어려움에 처해 있을 때, 한 농부의 농토를 수집해 그 성분을 분석했다. 분석 결과를 토대로 토지의 영양분 부족을 해결하기 위해 비료 사용 및 농작물 돌려 심기 등을 제안했고, 그 결과 해당 농부의 농작물 수확량이 증가해 농가의 경제적 어려움을 타개하는 데 큰 도움이 되었다.

그녀는 EGEP에 대해서 두 가지 기대를 품고 한국에 왔다고 말한다. EGEP를 통해 여성의 삶과 이슈에 대한 이해를 넓히고, 이론적·실천적 여성주의 지식 역량을 키워서 여성주의 리더십을 기르는 것이 그것이다.

© 김나연

아시아 여성을 이어주는 국제개발협력의 새로운 모델을 찾아서

원선아

Won Sun A

한국

아시아위민브릿지 두런두런
(Asia Women Bridge
DoRun DoRun)

사무국장

6기 EGEP 수료

'아시아위민브릿지 두런두런'은 2011년에 설립된 비정부단체로 한국에서는 보기 드물게 아시아/젠더/개발을 결합해 활동하고 있는 단체이다. 원선아는 2013년부터 이곳에서 사무국장으로 일하고 있다. 현재 두런두런은 네팔에서 '여성 진보를 위한 기술 개발' 프로젝트와 캄보디아에서 '젠더카페' 프로젝트를 진행하고 있다. 네팔 프로젝트는 재봉 기술 개발을 통해 여성의 권한 강화와 경제적 독립을 추구하고, 캄보디아 프로젝트는 사회적으로 취약한 여성을 위해 사회적 네트워크를 만드는 것이 목적이다.

그녀는 두런두런 일을 하기 전에는 7년간 베트남에서 한국 남성과 결혼한 베트남 여성을 지원하는 일을 했다. "베트남에서 했던 일이 젠더와 관련된 일이었다는 것을 당시에는 몰랐어요." 국제개발협력 영역에 있었지만 젠더 이슈는 그녀의 관심사가 아니었다고 고백한다. 하지만 한국에 돌아온 후 두런두런에서 일하면서 '국제개발협력과 젠더'를 주제로 하는 교육 프로그램을 운영했고, 다른 영역에서 활동하고 있는 사람들과 협력해서 사업을 하는 경험을 갖게 된 것이 그녀에게는 새로운 출발이 되었다.

최근에는 그동안의 네트워크를 바탕으로 베트남 '껀터 여성연합(Can Tho Women's Union)'과 함께 한국에서 결혼생활을 끝내고 베트남으로 돌아간 베트남 여성들의 이혼 등록과 귀환 후의 정착을 도와주기는 일을 하기도 했다. 한국에서 결혼해서 살던 여성이 베트남으로 돌아갔을 때 한국의 이혼 서류를 갖고 있지 않으면 다시 결혼할 수도 없고, 아이가 생겨도 출생 등록을 할 수 없는 어려운 상황에 처하게 된다. "아직도 제가 젠더 문제에 대해서 전문성이 부족한 것은 아닐까, 혹은 소통 언어가 부족한 것은 아닐까 하는 긴장감이 있어요. 조금씩 배워나가고 있지요"라고 조심스럽게 말한다.

그녀는 아시아 빈곤 지역에 사는 여성들의 역량·권한 강화 방식을 비롯해, 성폭력 희생자, 이주 여성에 관심이 있다. 그녀에게는 이 부분에 대해 연구해서 새로운 국제개발협력 모델을 만들고자 하는 꿈이 있다. 그래서 무엇보다 EGEP를 통해 여성 활동가들을 만나 그들의 삶과 활동에 대해 듣고 그들로부터 에너지를 얻고 싶다고 한다. "젠더에 기초해서 국제개발협력을 위해 무엇을, 어떻게 할 수 있는지 배울 수 있을 거예요. 또 우리 단체가 그들의 프로젝트를 도울 수 있는 기회도 될 거고요."

냰시 맥디 카멜

수타누카 바타차리야

루파 샤르마

멜라니 마르셀로 레이

사라 제인 비튼 아코스

텡구 하산 텡구 누 파질라

웨이 팅 팅

마람 아마눌라 아에쉬

아프잘리 줄라이크하

데신따 드위 아스리아니

팜 티 탄 지앙

누룰 파틴 파크리아 빈티 줄파미

수리야 만조르

이지혜

궤이롱 순

메림 아크마토바

옴위파 루그홀라

사디아 나와즈 체마

파티마툴카하르 알리 엠 후세인 알-카니

암갈란자야 썰렌발지르

하스니자 빈티 모하메드 하산

응우엔 푸옹 비

5장

행복한 활동가

© 김나연

액세서리에 새긴 이집트 여성 인권의 목소리

냈시 맥디 카멜

Nancy Magdy Kamel

이집트

인권을 위한 여성단체
(Women's Group for
Human Rights)

프로그램 코디네이터

6기 EGEP 수료

냔시 맥디 카멜은 대학에서 영문학을 전공했다. 그녀가 여성주의자로 각성을 하게 된 계기는 이집트 혁명과 맞물려 있다. "이집트 여성들의 인권을 위해서 투쟁하는 데 여성 활동가들이 주도적인 역할을 하고 있고, 몇 년 동안 평등한 시민적, 경제적, 사회적 권리를 얻기 위해 싸우고 있다는 것을 알게 되었어요. 그런데 2011년 1월 25일 이후, 이집트 여성들은 군대와 안전보장군, 남성들로부터 성/젠더폭력을 당하게 되었어요. 여성 활동가들은 군대와 폭력 경찰에 의해 '처녀성 테스트'를 당하고, 여성 시위자들은 옷이 벗겨지고, 맞고, 거리에서 이리저리 끌려 다니기도 했어요. 이런 일을 보면서 저는 젊은 여성 활동가로서 목소리를 내고 행동을 취해야 한다는 것을 깨달았어요."

냔시는 현재 사이나이 지역 여성들과 함께 이집트 여성의 '인권을 위한 여성단체'에서 자원봉사 프로그램 코디네이터로 일한다. "사이나이는 사막 지역이고 전통이 강한 곳이에요. 여성들은 바느질과 카펫 만드는 일로 생계를 이어가고 있어요. 저희는 이 여성들이 스스로의 권리를 인식할 수 있도록 교육을 하고 컴퓨터 사용법도 가르쳐요."

그녀는 독특한 액세서리 제작을 통해 여성들의 목소리를 드러내는 작업을 하기도 한다. 이집트에서 여성들이 차별에 대해 목소리를 내기가 얼마나 어려운지를 감안해서, '당신의 보석으로 목소리를 높이세요!'라는 모토를 내세운 컬렉션을 만들기도 했다. 아랍어 필체로 '나는 자유로운 여성이다', '나는 파는 물건이 아니다' 등의 문구가 쓰인 구리 목걸이와 펜던트를 만들어 팔았다. "많은 여성들이 제가 만든 작품을 좋아해줬어요. 나중에는 '학대 반대 컬렉션(Collection Against Abuse)'이라는 새로운 컬렉션을 만드는 데 영감을 주었지요. 많은 여성주의 활동가들이 제 아이디어가 퍼져나가도록 도와주었어요. 이 일이 매우 자랑스러워요."

"기본권을 위해 투쟁하자. 그것이 여성이 공통적으로 누려야 하는 것이다. 여성은 평등한 권리를 위해 투쟁하고 있다. 왜 우리는 함께 일할 수 없는가?"라는 저널리스트 사미라 아보스(Samira Abbos)의 글이 인상 깊었다는 그녀. EGEP에서 만난 동료들을 통해 서로 다양한 문화를 이해하고 함께 힘을 모음으로써 자신의 일을 더 확장하고 이집트의 젠더 상황에 영향을 미칠 수 있을 것이라는 기대를 갖고 있다.

억압적인

이성애 규범을

변화시키는

퀴어 페미니즘

수타누카 바타차리야

Sutanuka Bhattacharya

인도

평등을 위한 사포
(Sappho for Equality)

연구 활동가

6기 EGEP 수료

© 김나연

수타누카 바타차리아는 자신을 퀴어 페미니스트 연구자로 소개했다. 대학에서 호텔경영학을 전공했지만 여성 인권에 대해 공부하기 위해 타타 사회과학대학교(Tata Institute of Social Sciences, Hyderabad) 대학원에 진학해서 철학과 여성학을 전공했다. 그녀의 주요 관심 분야는 초국적 페미니즘, 젠더/섹슈얼리티를 비롯해, 인도의 맥락에서 퀴어 여성과 성전환자들의 삶의 경험을 연구하는 것이다.

수타누카는 어려서부터 남성 특권적인 사회 구조가 불편했다. "우리 사회는 남아선호가 심해서 할머니는 제가 손녀라는 이유로 몇 년간 저를 만지지도 않았대요. 아버지는 술에 취하면 어머니에게 폭력을 가했어요. 저는 이런 폭력에 대해서 어릴 때부터 의문을 가졌어요. 왜 여성은 자유롭게 다닐 수 없고 남성은 어디든 갈 수 있는지, 남성은 좋은 것을 다 할 수 있지만 여성은 왜 그럴 수 없는지. 아버지가 돌아가시고 어머니가 가족을 돌보셨어요. 제가 대학 시험을 볼 때 어머니 성으로 시험을 봤는데 입학자격증을 보고 어머니가 너무 행복해하셨지요."

그녀는 퀴어 여성으로서 자신을 발견하면서 섹스/젠더 사회 구조가 비규범적인 젠더/섹슈얼리티 정체성을 가진 이들에게는 더욱더 복잡하다는 것을 알게 되었다. 이러한 개인적인 불편함은 퀴어 페미니스트 단체에 들어가면서 정치화되었다. 그녀는 연구자로서 '평등을 위한 사포'에서 자원 활동가로 일하고 있는데, 이 단체는 1999년 동인도 지역의 레즈비언, 양성애 여성, 성전환자를 위한 개척자적 활동가 플랫폼으로 만들어졌다. "'평등을 위한 사포'에 가입하고 레즈비언, 양성애자, 성전환자들을 만나면서, 성 정체성과 성적 지향을 이유로 그들이 매일 살면서 겪었던 다면적인 폭력에 대해서 알게 되었어요. 이 경험은 퀴어 여성과 성전환자들에 대한 인권 침해와 폭력을 근절하는 집단적인 목표를 갖는 데 가장 큰 동기 부여가 되었지요."

수타누카는 액티비즘과 아카데미 간의 경계를 넘어서 그 둘을 연결시키는 일을 하고 싶다고 포부를 밝혔다. "새로운 이론적 공간을 만들고 싶어요. 호모포비아, 이성애자 중심의 사회를 바꾸고 싶어요. 저는 변화에 대해서 긍정적이고 반드시 변화는 일어날 것이라 생각해요." 그녀는 스스로를 많은 의문과 질문을 가진 몽상가로 칭했다, 그것도 꽤 큰 꿈을 가진.

네 팔 에 서

인 권 활 동 가 로

산 다 는 것

루파 샤르마

Rupa Sharma

네팔

네팔 인권 커뮤니케이션 연구소(Institute of Human Rights Communication Nepal)

사무국장

6기 EGEP 수료

© 김나연

루파 샤르마는 13년 전부터 라디오 방송국 '메트로 FM'에서 뉴스 리포터이자 편집자로 일해왔다. '네팔 인권 커뮤니케이션 연구소'와 인연을 맺은 것도 뉴스에서 한 인터뷰 때문이었다고 한다. "제 라디오 프로그램은 사회 문제에 관한 방송이지만 주로 여성 문제를 다루어요. 매주 여성과 인권에 관한 이슈를 모아서 방송을 하고 있어요. 한번은 인권 활동가를 인터뷰했는데, 저에게 자신의 단체에서 함께 일하지 않겠냐고 제안했어요. 저는 제안을 받아들였고 그때부터 활동하게 되었지요."

'네팔 인권 커뮤니케이션 연구소'는 2000년에 설립된 NGO 인권단체로, 루파는 2004년부터 이 단체에서 일하면서 젠더, 인권, 민주주의 관련 애드보커시 활동에 주력하고 있다. 여성·평화·안보에 대한 유엔안보리결의(UNSCR) 1325, 유엔여성차별철폐협약(CEDAW) 이행 보고도 그녀가 담당하고 있는 주요 일이다.

그녀는 아픈 가족사를 가졌지만 어머니가 아니었다면 지금의 모습으로 성장할 수 없었을 것이라고 말했다. "8살이 되었을 때 저는 친어머니에게 전화해서 새어머니가 나를 때린다고 이야기했어요. 어느 날 저는 혼자서 12시간이나 버스를 타고 친어머니의 집까지 찾아갔어요. 어머니는 간호사였고 올해 퇴직하셨어요. 어머니는 저에게 항상 독립적이고 용기를 가져야 한다고 가르치셨어요. 절대 남편에게 의존하지 말고 너 스스로 돈을 벌고 결혼을 하라고 말씀하셨어요. 어머니는 제 롤모델이에요."

루파가 인권 활동가이자 기자로서 겪는 어려움은 도움을 청하는 사람들에게 어떠한 해결 방법을 제시해줄 수 있는가 하는 현실의 문제이다. "많은 사람들이 여성 문제와 관련해서 저에게 의지해요. 무슨 일이 있으면 제게 전화해서 어떻게 하면 좋을지 물어봐요. 어떤 여성들은 찾아오기도 해요. 법 자체도 문제지만 사실 법이 이행되고 실행되는 과정도 너무 열악하기 때문에 계속 싸워야 해요." 그러나 한편으로 그녀는 조용한 변화를 목격하고 있다고도 했다. "이메일, 우편, 생방송 등을 통해 많은 피드백을 받아보면 그동안의 활동이 여성주의 리더십, 여성 권한 강화, 성 평등에 어느 정도 영향을 미쳤구나 하는 것을 느낄 수 있어요." 루파는 아시아 여성주의, 초국적 액티비즘을 통해 아시아 여성의 삶에 대한 이해를 넓혀가는 것이 앞으로 자신이 할 일인 것 같다고 전망했다.

© 김나연

필리핀 젊은 여성 활동가를 위한 새로운 공간 만들기

멜라니 마르셀로 레이

Melanie Marcelo Reyes

필리핀

미리암대학교 여성과 젠더 연구소(Women and Gender Institute, Miriam College)

프로그램 코디네이터

6기 EGEP 수료

멜라니 마르셀로 레이는 공공행정 석사과정을 마치고 사회개발 박사과정을 밟고 있는 연구 활동가이다. 그녀는 필리핀 미리암대학교 국제학부 교수로 강의를 하면서 대학 내 '여성과 젠더 연구소'에서 프로그램 코디네이터로도 활동 중이다. 연구소에서 그녀는 젊은 여성들을 위한 리더십과 젠더 감수성 훈련 프로그램을 운영하고 있다.

"현재 젊은 여성들을 위한 리더십 프로그램을 운영하면서 학생들을 교육하고, 포럼, 콘퍼런스를 조직해 리더십 스킬을 강화하고, 여성들의 취약점을 파악하도록 돕고 있어요. 저는 '유엔여성차별철폐협약(CEDAW) 청소년 네트워크' 의장이기도 한데, 사진이나 예술 전시, 문학 워크숍 등을 열어서 참가자들이 자신을 창조적인 방식으로 표현하는 행사를 조직하고 있어요. 또한 젠더 관련 법의 통과를 위한 애드보커시를 지원하기도 하고요."

연구소에서 멜라니는 필리핀 여성위원회와 함께 공무원들을 대상으로 유엔여성차별철폐협약에 대한 교육도 진행했다. 필리핀 정부는 협약에는 서명했지만 실제로 이 협약이 어떠한 것인지 정부 공무원들이 잘 모르고 있어서 협약 이행 모니터링뿐 아니라 교육이 필요하기 때문이다. 그녀는 스페인 정부의 지원을 받아 민다나오(Mindanao) 지역의 젊은 무슬림 여성들을 위한 리더십 교육 사업도 하고 있다. 교육과 연구, 글쓰기, 애드보커시 사업까지 바쁜 나날들 속에서, 반여성폭력 이슈나 여성 권리를 위한 활동에서 자신이 가르친 학생들과 동료로서 함께 일하게 될 때 큰 성취감을 느낀다고 말한다.

그녀는 이러한 과정에서 만나게 된 젊은 여성들이 겪고 있는 세대 격차와 어려움에 대해서도 관심을 갖고 있다. "그들은 자신의 상황이나 문제에 대해서 너무 잘 알고 있지만 이런 문제에 대해 윗세대와 교감하는 데는 어려움을 느껴요. 이제 젊은 여성들을 위한 다른 공간이 필요해요. 이러한 공간을 마련하고 여성들이 자신감을 갖도록 하는 게 중요하다고 봅니다."

아시아 지역에서 필리핀 여성 운동과 여성학 연구의 역사는 그 전통이 꽤 오래되었고 여성 그룹도 단단한 편에 속한다. 수십 년간 제도권 안에서 많은 업적을 이룬 기성세대와 다른 환경에서 여성 운동을 이어가는 젊은 세대의 고민과 활동을 어떻게 풀어갈지 주목해볼 일이다.

성 재 생 산 건 강 권 운 동 을
하 는 미 디 어 아 티 스 트

사라 제인 비톤 아코스

Sarah Jane Biton Arcos

필리핀

필리핀 가족계획단체 (Family Planning Organization of the Philippines)

프로그램 담당관

6기 EGEP 수료

사라 제인 비톤 아코스는 스스로를 16살 이후로 활동가였다고 말한다. 때로는 여성 권리를 위해 투쟁하는 데 지쳐 숨어버리고 싶기도 했다고 한다. 그래서 그녀가 전해준 페미니스트 시민 활동가가 된 이야기는 치열하다.

"2005년에 20명의 농민이 시위에 참가했다는 이유로 살해당하는 사건이 있었어요. 그때가 대학교 2학년 때였는데, 학교를 그만두고 농촌에 가서 농민 운동과 관련된 일을 3년간 했어요. 당시에 한 어린 소년이 병으로 죽어갔는데 제가 할 수 있는 일이 없었어요. 나는 무엇이든 할 수 있다고 생각했는데 정작 응급 상황에서 제가 할 수 있는 일이 없었어요. 이 사건을 겪고 난 후 저는 집으로 돌아갔고 다시 공부를 하기로 마음을 먹었죠. 의사가 되고 싶었지만 우선 학사과정을 마쳐야만 했어요. 그래서 간호학 공부를 하게 되었어요. 한편으로 시민 운동과 거리를 두기 시작했고 우연히 TV 호스트와 배우로 일을 하게 되었어요. 대학을 졸업하고 본격적으로 TV 호스트와 배우로 일을 시작했어요. 그러나 사람들은 제가 배우라는 이유로 차별을 했어요. 배우가 아는 것이 있느냐, 뇌가 있느냐, 가진 건 외모뿐이 아니냐며 저를 상품 취급했어요. 어느 날 회사가 저에게 성매매를 강요했어요. 그래서 배우를 그만두고 NGO에서 일하기 시작했어요. 배우보다 페미니스트가 되기로 결심했지요."

사라는 현재 '필리핀 가족계획단체'에서 '낙태 예방 및 관리 프로그램(Prevention of Abortion and Management of Abortion Complications)'을 맡고 있다. 필리핀에서 낙태는 법적으로 금지되어 있지만, 낙태 후 치료는 법으로 규정되어 있다고 한다. 그녀의 일은 낙태 후 치료에 대한 정보를 여성들에게 제공하고 제대로 치료를 받게 함으로써 낙태 관련 모성 사망률을 낮추는 데 기여하는 것이다. "필리핀과 같이 보수적인 가톨릭 국가에서 여성의 자기결정권과 여성으로서 마땅히 받아야 하는 사회 서비스들이 무시되고 있기 때문에 이 문제를 해결하기 위해 지속적으로 활동해갈 거예요." 그녀는 불안전한 낙태를 경험한 여성들을 만나 비디오 다큐멘터리를 만들어서 '아시아태평양 성재생산건강권(SRHR) 콘퍼런스'에서 공유한 경험을 최근 가장 의미 있는 성취로 꼽았다. 그녀는 앞으로 건강과 여성 이슈에 전문성을 가진 멀티미디어 아티스트로서 더 먼 길을 가고 싶다고 했다.

평범한 여대생에서

여성건강 활동가로

텡구 하산 텡구 누 파질라

Tengku Hassan Tengku Nur Fadzilah

말레이시아

케란탄 재생산건강연합 (Reproductive Health Association of Kelantan, ReHAK)

부매니저

7기 EGEP 수료

텡구 하산 텡구 누 파질라는 '케란탄 재생산건강연합'에서 부매니저로 활동 중이다. '케란탄 재생산건강연합'은 가족계획과 관련한 정책을 진행하는 비정부기구로, 가족계획 서비스 제공, 유방암과 자궁경부암 검진, 청소년 및 남성 건강 정보 제공 등의 일을 수행하고 있다. 또한 성적 건강, 재생산건강에 관한 캠페인, 가정폭력 근절을 위한 정책 제안 활동도 병행하면서 여성의 성적, 재생산건강과 권리에 대한 인식을 증진시키기 위한 사업을 담당하고 있다. 그녀는 특히 지역 커뮤니티와 효과적으로 소통하기 위해 세미나, 워크숍, 캠페인, 전시회 등 여러 가지 방식을 시험해보고 있는 중이다.

텡구는 학부에서 수학을 전공했기 때문에 여성주의 이론과 실천을 접할 기회가 많지 않았다. 그러나 우연히 여성폭력 관련 연구에 참여할 수 있는 기회를 얻었고, 덕분에 여성폭력, 성 평등 등에 대해 많이 배우고 성장할 수 있었다. 또한 이런 경험들을 통해 여성에게 가해지는 폭력에 대한 문제가 심각함을 깨달았을 뿐만 아니라 무언가 의미 있는 일을 하고 싶다는 바람으로 비정부기구 활동을 시작하게 되었다. 그녀는 여성 운동과 무관하게 살다가 현재 여성운동단체 활동가로 정체화하게 된 본인의 인식 변화 자체가 개인적으로는 매우 의미 있는 변화라고 말한다.

자신이 이와 같은 변화를 경험한 바 있기에 텡구는 성 평등 이슈에 무관심한 이들도 얼마든지 변화할 수 있다고 생각한다. 많은 이들이 성 평등 이슈에 무관심한 것은, 그것이 사회의 운영에 얼마나 중요한 영향을 미치는 이슈인지를 미처 생각해볼 기회가 없었기 때문이 아닐까. 텡구 자신과 같은 여성 활동가들의 활동을 통해서 성 평등 이슈에 대해 보다 많은 사람들이 생각할 기회를 갖게 된다면 세상은 조금씩 변할 것이라고 그녀는 믿고 있다.

텡구는 EGEP에 참여하는 기간 동안 여성주의적 지식을 많이 배우고 싶다는 말과 함께 아시아·아프리카 지역의 여성 활동가들의 삶과 활동에 대해 듣고, 그들로부터 에너지를 얻고 싶다고 밝혔다. "EGEP를 통해 교육 후 말레이시아에 돌아가 새로운 활동을 기획할 수 있는 아이디어를 얻게 될 거라고 생각해요. 그 점이 가장 기대되는 부분이에요"라고 웃으며 자신의 포부를 밝혔다.

좀 더

퀴어한 세상을

만들고 싶어요

웨이 팅 팅

Wei Ting Ting

중국

베이징성별건강교육연구소
(Beijing Gender Health
Education Institute)

프로젝트 매니저

7기 EGEP 수료

© 아시아여성학센터

웨이 팅 팅은 '베이징성별건강교육연구소'에서 프로젝트 매니저로 일하고 있다. '베이징성별건강교육연구소'는 젠더, 섹슈얼리티, 성 건강에 초점을 맞춰 2002년에 설립된 비정부기구이다. 주요 활동으로는 첫째, '퀴어 대학'을 통해 젠더-성적 다양성을 교육하며, 둘째, '퀴어 동지'라는 성소수자 인터넷 생방송(webcast)과 같은 장기 프로젝트를 진행하며, 셋째, LGBT 학회를 개최하고, 넷째, HIV/AIDS에 대한 대중적 인식을 증진시키기 위한 캠페인을 진행하며, 마지막으로 '중국 무지개 상(Chinese Rainbow Award)' 수여를 통해 성 소수자 인권 증진을 위한 일을 한다. 이 중 팅 팅은 퀴어 대학과 LGBT 학회 개최를 책임지고 운영하고 있다.

그녀는 자원봉사자로 1995년 개최된 제4회 베이징여성대회 준비에 참여했는데, 그때의 경험은 여성주의자들과 직접 만나는 기회가 되었다. 이를 바탕으로 현재 포드재단(Ford Foundation)의 지원을 받아 Les+@(성 소수자 인권단체)와 함께 제4회 베이징여성대회를 레즈비언의 관점에서 재조명하는 다큐멘터리를 제작 중이다. 팅 팅은 현재 중국의 젊은 세대가 점차 여성 운동의 역사와 단절되고 있는데, 자신이 맡고 있는 다큐멘터리 제작 사업이 여성 운동에 대한 세대 간의 차이를 좁히는 데 기여할 수 있을 것으로 기대한다.

팅 팅은 3년 차 단체 활동가로서 EGEP를 통해 새로운 시각을 배우고 활동에 대한 활력을 얻고 싶다고 밝혔다. 서구 중심의 이론과 실천이 아닌 아시아 여성주의 활동에 대해 깊은 관심을 가지고 있었다고 말하며 큰 기대감을 내비쳤다. "서구에서 벌어지고 있는 사건들이 익숙하게 느껴지고 그들의 역사를 더 가깝게 느끼는 것에 대해 언제나 문제의식을 가지고 있어요. 그런 점에서 한국을 비롯한 다른 아시아 국가는 익숙하면서도 낯선 공간이죠. EGEP에서 다른 아시아 여성 활동가들을 만날 생각에 매우 기쁩니다."

그녀는 EGEP 수료 후 2015년 세계여성의 날에 중국에서 반성폭력 캠페인 및 퍼포먼스를 하다가 중국 정부에 의해 구금당했다가 풀려났다. 이 일은 'Feminist Five'라는 이름으로 알려졌으며, 당시 전 세계 페미니스트들의 석방 지원 활동이 전개되었고, 한국의 활동가들 역시 중국대사관 앞에서 시위와 지지 서명 등을 통해 연대에 참여했다.

© 아시아여성학센터

팔 레 스 타 인 에 서
젠 더 활 동 가 로
살 아 가 기

마람
아마눌라 아에쉬

Maram Amanullah Ayesh

팔레스타인

지구적 공동체
(Global Communities)

젠더 담당관

7기 EGEP 수료

마람 아마눌라 아에쉬는 팔레스타인의 '지구적 공동체'에서 젠더 담당관으로 활동하고 있다. '지구적 공동체'는 1995년 팔레스타인의 웨스트 뱅크와 가자 지구를 중심으로 설립된 단체로, 팔레스타인인들의 경제적 번영을 돕는 것을 비전으로 삼고 있다. 마람은 현재 젠더 담당관으로서 단체 사업들의 성별 영향을 평가하고 재조정하는 역할을 하고 있다. 단체 실무자들을 대상으로 한 교육을 통해 단체 내부의 성 평등 문화를 조성하는 한편, 지역 커뮤니티와 지역 정부와의 소통을 통해 정책들을 적극적으로 모니터링하는 일을 한다.

대학에서 건축학을 전공한 그녀는 건축인으로서 자신의 커리어를 시작했다고 설명한다. "그런데 막상 여성 건축인으로서 제가 할 수 있는 일이 없었어요. 작업장의 동료들은 여성 건축인을 매우 낯설어하거나 불편해했어요. 같이 일을 하는 것 자체가 불가능하게 느껴질 정도였지요. 그때 제가 받은 충격은 말로 다 못할 정도였어요. 여성이라는 이유로 내가 원하는 삶을 살 수 없다는 것을 느꼈던 거예요." 여성 건축인으로서 느꼈던 어려움은 그녀가 여성학과 대학원에 진학하게 된 계기가 되었다.

현재는 팔레스타인 여성의 삶을 개선하는 데 조금이라도 기여할 수 있는 일을 하게 된 제2의 삶에 만족을 느끼고 있다. 마람은 성 평등 프로젝트를 구상, 진행하는 과정에 건축학 방법론을 적용했을 때 그 효과가 증대된다고 강조했다. 건축의 과정에서처럼, 성 평등 프로젝트를 수행할 때 계획-이행-실천-평가의 사이클로 운영할 경우 프로젝트 성공 확률이 매우 높다는 것을 실제로 확인했고, 이러한 관점에서 여성의 공적 참여를 촉진하는 가이드라인을 제공하고, 성 평등 관점에서 교육 매뉴얼을 제작해 제공하는 것이 중요하다고 말한다.

그녀는 팔레스타인 여성에게 여행의 의미가 무엇인지 다음과 같이 설명한다. "팔레스타인 여성으로서 저에게 EGEP 참여는 매우 뜻깊은 일이에요. 문화적 제약 때문에 팔레스타인 여성이 집을 떠나 다른 곳으로 여행한다는 것 자체가 의미가 커요. 또한 국제 사회에 팔레스타인 여성의 목소리를 전달한다는 점에서도 의미가 매우 큽니다." 마람은 개인적으로 EGEP를 통해 여성주의 이론과 실천의 고민을 심화시키고, 이후 자신의 여성학 박사과정 진학에 도움을 받고 싶다고 밝혔다.

© 김나연

배움을 통해

더욱 단단해지다

아프잘리 줄라이크하

Afzali Zulaikha

아프가니스탄

유엔인구기금 헤와드 (HEWAD-UNFPA)

교육 사업 담당자

8기 EGEP 수료

'유엔인구기금 헤와드'는 유엔인구기금의 지원을 받아 아프가니스탄 내 젠더 기반 폭력 근절과 예방을 위해 진행되고 있는 프로젝트이다. 아프잘리 줄라이크하는 여성폭력을 근절하고 피해자 지원의 실효성을 높이기 위해 경찰, 변호사, 검사, 판사 등 법 집행관들과 여성 활동가들을 대상으로 하는 젠더 기반 폭력 예방 교육을 주로 담당하고 있다.

"경찰, 변호사, 검사, 판사와 같은 법조계 전문가들을 교육하는 것은 쉬운 일이 아니에요. 여성인 제가 그들로부터 진정한 존중을 이끌어내기란 매우 어려운 일이었어요."

아프잘리는 아프간 여성이 처한 어려운 삶의 조건들에 대해 자각하게 되면서 여성 활동가로서 자신의 삶을 살아가게 되었다고 설명한다. 그러나 아프가니스탄에서 여성 활동가로 살아간다는 것은 엄격한 종교적 잣대와 정치·사회·문화·경제적으로 불안정한 위치에 대항하고 이를 헤쳐 나가는 것이라고 말한다. 배움을 위해 싸우고, 젠더 기반 폭력에 대한 터부와 사회적 관념에 부딪히고, 특히 남성 중심적 영역인 법조계 전문가를 대상으로 교육을 실시하는 일을 하는 하루하루가 도전의 여정이다. 그녀는 그 도전들이 모여, 더 많은 여성들의 연대를 통해 성 평등과 같은 사회적 가치가 현실 속에서 실현되기를 바라며, 아프가니스탄 여성들이 지금보다 더 안전한 사회에서 살아갈 수 있기를 소망한다.

아프잘리는 배움의 중요성을 역설한다. 자신 또한 배움을 통해 힘을 얻고 임파워되는 경험을 거쳤으며, 전문가적 소양을 갖추고 도전에 직면할 수 있게끔 더욱 단단해졌다는 그녀는, 교육이 바로 더 나은 삶을 위한 원동력이라고 말한다. 그리고 아프가니스탄의 오랜 분쟁과 테러의 위협 속에서 특히 여성과 아동의 지위와 상황은 더욱 취약해졌다고 지적하며, 교육을 통해 여성들이 일상에서 대면하는 차별과 도전에 대한 대응 전략을 세울 수 있는 능력을 갖추는 것이 중요하다고 역설한다.

그녀는 자신의 이름인 아프잘리가 '바람의 신, 아름다움의 신'이라는 뜻이라고 설명한다. 그래서인지 그녀는 여성 활동가로서의 길을 개척해나가면서 한편으로는 시집 출판을 앞두고 있는 시인이기도 하다.

© 홍혜미

현 실 에 　밀 착 된

여 성 주 의 　지 식 을

실 천 하 다

데신따 드위 아스리아니

Desintha Dwi Asriani

인도네시아

아세안연구센터
(ASEAN Studies Centre)

커뮤니티 개발분과
코디네이터

8기 EGEP 수료

데신따 드위 아스리아니는 젠더 연구자이면서 동시에 여성 운동 활동가로서의 자신의 정체성과 성장 과정은, 학문적 성과와 현실의 구체적 변화가 접목된 경험이라고 설명한다. 대학과 대학원에서 농촌 여성 재생산권, 수유를 둘러싼 젠더 역할 구성에 관한 논문을 쓰면서 맥락에 따른 '다름'을 배웠다는 그녀는, 이후 여성 섹슈얼리티에 대한 주체성, 에코페미니즘, 식량 주권과 로컬 지식 등의 다양한 분야에서 지역적 맥락에 따른 여성/젠더/섹슈얼리티의 구성에 대해 연구하고 강의하고 있다. 최근에는 '아세안연구센터'에 코디네이터로 합류하면서, 아세안의 맥락에서 환경, 섹슈얼리티, 이주 등의 이슈로 연구와 활동의 폭을 넓히고 있으며, 인도네시아 내 여러 풀뿌리 지역단체에서도 활발하게 활동하고 있다.

데신따는 정체성의 정치학을 생산하는 것이 페미니스트로서 가장 중요한 역할이라고 생각한다. 예를 들어, 권력관계에서 구성된 관계를 드러내는 정체성의 정치학을 생산한다는 것은 여성들이 일상생활에 기초한 재생산 지식을 갖게 됨으로써 자기 이해를 갖게 된다는 것을 의미한다. 그녀는 여성 정체성에 기반을 둔 여러 형태의 폭력과 차별, 사회적 소외와 불평등, 부정의에 대한 경험이 여성주의자로서 자신을 정체화하고 여성의 관점에서 세상을 바라보는 인식론적 전환의 계기가 되었다고 말한다. 사회적 지식은 가치중립적(value-free) 서사에 머무르지 않기 때문에, 젠더 연구자로서 자신의 연구를 '결국 여성의 현실을 개선하는 데 기여하는 실천적인 작업'이라고 설명한다. 지배적 권력을 통제하고 특히 취약 여성, 소수자 여성을 위한 정의의 재분배가 지식인으로서의 자신의 역할이라고 생각하는 그녀는 일상생활에서 '여성주의적 실천'의 중요성을 강조한다. 더 나은 미래를 위한 변화는 큰 어젠다로부터만 오는 것이 아니라, 일상생활에서의 작은 실천과 변화에서부터 시작될 수 있다고 믿기 때문이다.

데신따는 EGEP를 통해 현장 지향적 지식 생산에 대한 성찰을 할 수 있게 되었으며, 아시아적 시각으로 여성 운동을 더욱 폭넓게 공유하고 확장할 수 있는 계기가 되었다고 말한다. 그녀는 현재 이화여자대학교 여성학과 박사과정에 진학해 여정을 이어가고 있다.

여 성 이 자

어 머 니 로 서

나 의 삶 과 운 동 은

연 결 되 어 있 어 요

팜 티 탄 지앙

Pham Thi Thanh Giang

베트남

젠더·가족·여성·청소년 연구센터
(Center for Studies and Applied Sciences in Gender, Family, Women and Adolescents)

부소장

8기 EGEP 수료

© 김나연

팜 티 탄 지앙은 여성과 여아에 대한 폭력과 차별을 근절하기 위해 활동하는 단체인 '젠더·가족·여성·청소년 연구센터'에서 일하고 있으며, 특히 가정폭력, 성폭력, 인신매매와 같은 여성에 대한 폭력 근절과 LGBT 인권 향상에 관심이 많다.

팜은 '젠더·가족·여성·청소년 연구센터'에서 진행했던 '혼자 울지 말아요(Don't Cry Alone)' 프로젝트를 소개하며, 성폭력 피해 여성들은 사회적 낙인과 더불어 자신의 이야기가 제대로 받아들여지지 않을 것이라는 두려움을 갖고 있다고 말한다. 그래서 '젠더·가족·여성·청소년 연구센터'에서는 교육과 엔터테인먼트를 결합시킨 '에듀테인먼트(Edutainment)' 전략을 사용해 피해 여성들이 자신의 피해 사실을 알리고 공유하며 권리를 주장할 수 있도록 지원하고 있다.

"베트남에서 여성으로, 그리고 아이를 키우는 어머니로 살아가면서 겪게 되는 경험들이 저를 여성 및 아동에 대한 폭력에 민감하게 만들었어요. 저의 여성 운동 이슈와도 맞닿아 있듯이, 어머니로서의 삶, 아이들에 대한 애정도 저에게는 중요한 부분입니다. 저 개인적으로는 세 아이의 엄마로서 아이들을 잘 키워내고 있는 것에 대해 큰 기쁨을 느껴요. 아이를 키우는 과정이, 바로 여성의 건강, 아동권, 그리고 폭력 없는 사회에 대한 저의 열정으로 계속 이어져 오고 있습니다."

팜은 자신의 삶과 여성 운동 이슈가 동떨어져 있지 않으며, 자연스럽게 여성주의에 관심을 갖게 되었다고 말한다. 그녀는 베트남 사회에서 여성으로, 그리고 어머니로 살아간다는 것은 자기 발전과 계발 기회의 제한, 무급 노동으로서의 가사노동 전담, 다양한 형태의 가정폭력 경험 등 일상생활에서 젠더 불평등을 수없이 직면하는 과정 그 자체였다고 말한다.

대학 졸업 직후부터 10년을 훌쩍 넘게 활동가로 일해왔지만, 팜은 자신이 처음으로 기획부터 도맡아 진행했던 지역 여성들은 대상으로 한 정치적 리더십 향상 프로그램이 가장 기억에 남는다. 자신의 활동이 지역 여성들의 삶을 변화시키는 과정을 지켜보면서 그녀는 여성 운동에서 더 많은 희망을 발견한다고 힘주어 말한다.

© 김나연

여 성 주 의 는

새 로 운 세 상 을

열 어 주 었 어 요

누룰 파틴 파크리아 빈티 줄파미

Nurul Fatin Fakhriah Binti Zulfahmi

말레이시아

페낭여성개발공사 (Penang Women's Development Corporation)

프로젝트 담당관

8기 EGEP 수료

누룰 파틴 파크리아 빈티 줄파미는 굿 거버넌스와 성 평등을 목적으로 하는 주 정부 산하 지원기관인 '페낭여성개발공사'에서, 정책의 성 주류화 및 성인지 예산 확산을 위한 '성인지참여예산(Gender Responsive and Participatory Budgeting)' 프로젝트를 담당하고 있다. '성별에 따른 다른 요구'를 모토로 하는 성인지참여예산은 모든 프로그램과 프로젝트에서 성인지적 예산을 실천하고자 한다. 그녀는 자신의 지역인 말레이시아 페낭의 상황에 맞는 페낭모델을 구축하고자 노력 중이다. 이 프로젝트는 주 정부 예산에 대한 분석과 함께 성별, 연령에 따른 포커스 그룹의 요구 사항을 주 정부에 전달하는 역할을 포함한다. 이 과정에서 노인, 아동, 장애인과 같은 취약 계층의 의견을 포함함과 동시에 성인지적 관점으로 예산 계획을 수립하고 실행할 수 있도록 하는 것이 중요하다.

자신은 아직 '새내기 활동가'라고 칭하지만 프로젝트를 소개하는 그녀의 모습에는 열의가 가득하다. 누룰은 현재 이 사업은 시작 단계에 있지만 시민 참여형 예산 만들기 사업의 가능성을 보았다고 말한다. 여성들의 참여를 좀 더 이끌어낼 수 있도록 여성들의 목소리를 좀 더 확산시켜나가기 위한 노력을 계속하고 있다는 그녀는, 올해부터 여성 대상 리더십 워크숍을 진행하면서 그동안의 활동들이 작은 결실을 맺어가고 있다고 자부한다.

이슬람과 말레이 문화 속에서 성장한 누룰은 단체에서 활동하기 전까지 여남의 성별 역할에 대해 보수적인 이해를 가지고 있었다고 고백했다. 성별 역할의 틀에 끼워 타인을 판단하거나, 가족 내에서 여성의 역할에 대한 긴장과 갈등의 상황에 처할 때면 불편함은 있었지만 받아들여야 하는 것이라고 생각했다. 그러나 이슬람 문화에 대해 좀 더 깊이 있는 공부를 하면서, 특히 단체에서 활동을 시작하면서 소위 말하는 '여성의 역할과 책임'이 사회적으로 구성된 것임을 인식하게 되었다.

"안녕하세요. 제 이름은 누룰 파틴입니다"라고 꽤 유창한 한국말로 자기소개를 하는 그녀는 한국 드라마와 K-POP의 영향으로 한국어를 배웠다고 한다. 세상에 대한 호기심과 도전에 대한 열정이 가득한 그녀의 여정이 더욱 기대된다.

아는 것만큼 권리를 행사할 수 있어요

수리야 만조르

Surriya Manzoor

파키스탄

여성개발원(Women Development Organization) 대표

8기 EGEP 수료

© 김나연

수리야 만조르는 파키스탄의 여러 단체에서 여성의 교육, 권리 증진을 위한 활동을 해왔다. 그녀는 특히 사회 환경의 변화에 따라 여성 인권에 대한 사회적 태도가 변화되는 것을 깨닫고, 파키스탄 사회에서 여성 인권에 대한 인식 증진이 가장 필요한 것이라 생각해서 '여성개발원'을 설립했다. 수리야가 처음 사회 활동가의 길을 걷기 시작했을 때에는 젠더에 대한 인식이 거의 없었다고 한다. 하지만 커뮤니티 구성원들을 대상으로 지속적으로 다양한 사회 이슈를 제기하고 여성 교육의 중요성을 인식시킨 결과 커뮤니티의 소녀들이 교육을 받을 수 있게 되었다. 이러한 성취를 바탕으로 여성들이 일상생활에서 자신의 주장을 펼치는 플랫폼이 될 수 있도록 NGO를 설립하게 되었다. 여성 스스로 자신의 권리를 알아야만 법적 보호를 받을 수 있음은 물론 권리를 향유할 수 있다는 생각으로, 젠더 인식 고양을 위한 세미나, 워크숍, 트레이닝, 캠페인, 행진대회 등을 기획해 소녀들과 여성들이 전문가적 소양을 기르고 경제적 자립을 위한 기술을 익힐 수 있도록 돕는 일을 하고 있다.

"여성들이 자신의 권리에 대해 잘 알게 될수록 여성 스스로 자신의 권리를 지키기 위한 노력을 기울일 수 있다고 믿어요. 아는 것만큼, 딱 그만큼 권리를 행사할 수 있는 거예요. 따라서 저는 무엇보다 소녀들과 여성들의 교육에 힘써 왔습니다."

여성 인권에 대한 인식 증진이라는 목표를 위해 수리야는 다양한 방식의 운동들을 기획해왔다. 작은 노력이나 구체적인 실천이 지역사회에서 만들어내는 변화를 지켜보면서 자신의 직업에 큰 보람을 느낀다고 말한다. 그녀는 여성 인권에 대한 인식이 거의 없는 파키스탄의 시골 마을에 직업학교를 설립해서 소녀들에게 직업 훈련을 제공하고 있다. 졸업생과 현재 훈련을 받고 있는 학생을 합하면 벌써 100명이 넘는다고 한다. 또한 지역 여성들의 인권 침해 사례에 대한 기초 조사를 실시하고, 그 결과를 바탕으로 다른 단체들과 함께 여성 역량 강화를 위한 교육 프로그램을 실시하기도 한다.

처음에는 모두 작은 아이디어에서 시작된 일이 결과적으로 큰 변화를 만들어낼 수 있었다고 말하는 수리야의 얼굴에는 열정과 자부심이 가득 담겨 있다.

© 김나연

환경 운동,

여성 운동,

평화 운동을

함께해요

이지혜

Lee Ji-hae

한국

전쟁 없는 세상
(World Without War)

상임매니저

9기 EGEP 수료

'전쟁 없는 세상'은 2003년에 설립된, 군사주의에 반대하는 평화운동단체이다. 전쟁에 반대하는 사회 운동을 기획하는 것이 이 단체의 주요 목표이며, 병역거부팀과 비폭력프로그램팀으로 구성되어 다양한 프로젝트들이 진행되고 있다. 이지혜는 2012년부터 이 단체의 비폭력프로그램팀과 트레이너 네트워크에 소속되어, 비폭력 트레이닝의 진행 및 관련 번역 작업 등을 맡고 있다.

지혜가 여성주의에 관심을 갖게 된 것은 두 가지 개인적 경험에서 비롯되었다. 첫째는 그녀가 환경 운동에 뛰어들 무렵 삭발을 한 경험이다. 당시 지혜는 단순한 헤어스타일의 변화가 얼마나 많은 사람들에게 신체 규범에 어긋나는 것으로 여겨지고 그로 인해 거센 반발을 사는지를 체험했다고 말한다. 이는 젠더가 얼마나 깊이 여성의 삶에 영향을 미치는지에 대해 다시 생각하는 기회가 되었다. 둘째는 기존 활동 조직의 위계적인 문화 속에서 일어났던 폭력 사건의 경험이다. 이러한 경험은 여성주의와 비폭력, 젠더와 평화에 대한 고민을 심화시키는 계기가 되었다.

지혜는 올해 여름 생태적이고 지속 가능한 삶의 방식을 주제로 한 퍼머컬처 디자인 코스에 2주간 참여했던 경험을 최근의 가장 보람된 활동 중 하나로 설명했다. 퍼머컬처 디자인 코스에서는 친환경적 건축, 와일드 푸드, 농업 등 다양한 주제에 대한 강연이 진행되었으며, 각 주제와 관련해 실천 학습이 이루어졌다. 특히, 이 코스가 진행된 두물머리는 4대강 사업으로 인해 농사짓던 사람들이 쫓겨나고 지역 공동체의 파괴가 진행된 곳 중 하나인데, 지역 주민들의 노력과 시민들의 관심 속에서 생태적이고 지속 가능한 삶의 공간으로 다시 살아나고 있었다. 이 두물머리 퍼머컬처 디자인 코스에 참여한 것을 계기로 구체적인 문제의식과 시민들의 연대가 모여 작지만 의미 있는 변화와 대안을 만들어갈 수 있다는 것을 다시 한 번 경험할 수 있었다.

그녀는 연대와 네트워크의 힘으로 사회를 변화시킬 수 있다고 믿으며, 초국가적 연대의 가능성은 더욱더 무궁무진하다고 생각한다. 따라서 EGEP를 통해 아시아와 아프리카에서 모인 활동가들을 만나는 일은 국제적 이슈에 작은 힘을 보탤 수 있는 좋은 기회가 될 것이라고 기대한다.

© 김나연

초국적 관점으로 중국의 여성 이슈를 재조명하다

궤이롱 순

Guirong Sun

중국

산동사범대학교 현대문학연구소 (Shandong Normal University)

소장

9기 EGEP 수료

궤이롱 순은 '산동사범대학교 현대문학연구소' 소장직을 맡고 있다. 그녀는 중국 근현대문학과 20세기 중국문학, 현대문학 작품론, 중국 여성작가론 등의 수업을 개설해 강의해왔고, 여성학과 여성주의 활동에 큰 관심을 가지고 있다.

"저는 대학에서 여성문학을 가르치고 있어요. 중국의 학계에서 성차별 문제는 다루기 어려워요. 여성학계는 소수자로 주변화되어 있어요. 그러나 저는 여성문학을 전공한 사람이자 가르치는 사람으로서 중국의 현대문학에 나타난 여성 문제에 대해 연구를 진행하고 있어요. 중국의 많은 현대문학 작품들, 특히 유명한 소설에서 성차별이 빈번하게 묘사돼요. 저희 학교에도 문학을 전공하는 학생의 대부분이 여학생인데 교수는 거의 남자이고 저만 유일한 여자 조교수예요."

중국의 가난한 시골 마을에서 성장하면서 궤이롱은 자연스럽게 여성의 권리와 계급 차에 대한 인식을 가지게 되었다. 이러한 인식을 바탕으로 그녀는 가난한 학생들이 고등 교육을 받을 수 있도록 여러 자원봉사 활동을 해왔다. 그녀는 남성과 여성 간의 격차뿐만 아니라, 여성들 내부의 계급 격차를 줄여나가는 것이 중요하다고 보며, 고등 교육 과정 내에서 다양한 여성들 내부의 격차와 차이를 어떻게 해석할 것인가에 대해 관심을 가지고 있다. 대학에서 학생을 가르치는 직업을 가진 그녀는 대학의 담론이 현실의 액티비즘과 연관되어야 한다는 인식을 가지고 있다. 그래서 늘 이론과 실천이 만나는 지점에 서 있고자 노력한다.

궤이롱의 최근 연구 과제 제목은 '중국 사회의 성 뇌물: 그 문화적 재현과 사회의 관련성'인데, 이 연구를 하다 보면 현재 중국의 정치, 경제, 섹슈얼리티 문제를 포괄적으로 재검토하게 된다고 한다. 연구 일정이 빡빡하지만 EGEP에 지원하고 참가한 것은 역시 여성주의 액티비즘에 대한 깊은 관심에서 비롯되었다. EGEP를 통해 여러 사회 현장의 이슈를 다양하게 접하며 중국을 넘어서는 초국적 관점을 갖게 되었고, 그 넓어진 지평 속에서 중국의 이슈를 재조명할 수 있게 되었다며 궤이롱은 밝은 표정을 짓는다.

© 김나연

EGEP를 통해 더 넓고 멀리 보는 시야를 얻다

메림 아크마토바

Meerim Akmatova

키르기스스탄

리더 양성 시민센터
(Center for Civil Initiative "Leader")

프로젝트 코디네이터

10기 EGEP 수료

메림 아크마토바는 '리더 양성 시민센터'에서 프로그램 코디네이터로 활동하고 있다. 이 센터는 키르기스스탄의 카라콜(Karakol)과 이식쿨(Issyk-kul) 지역을 기반으로 활동하는 비영리단체로 지역 청소년들의 리더십을 키우고 그들의 시민의식을 증진하는 것을 목표로 한다. 메림은 프로젝트 코디네이터로서 책임 프로젝트의 운영, 보고, 모니터링, 홍보 등과 같은 활동 전반을 책임지고 있다.

메림은 여성주의에 관심을 갖게 된 때를 '리더 양성 시민센터'에서 일하게 된 2009년부터라고 설명한다. 이 단체의 대표는 지역에서 적극적으로 활동하는 운동가이면서 전국적으로도 많은 활동을 펼치고 있는 여성주의자로서 메림에게 좋은 롤모델이 되었다. 그녀와 함께 활동하는 과정에서 강제결혼 및 가정폭력 문제에 관심을 가지게 되었으며, 그 이후부터 메림 또한 키르기스스탄 사회의 성 평등 운동에 참여하는 여성주의 활동가로 성장하게 되었다.

가장 직접적으로는 다양한 프로젝트를 기획·운영하면서 활동가의 자질을 키울 수 있었으며, 그 과정에서 컴퓨터 활용 및 홈페이지 운영과 같은 실용적인 지식 또한 얻게 되었다. 영어와 러시아어를 원활하게 구사하는 까닭에 단체에서 필요로 하는 다양한 정보를 번역하는 것도 그녀의 일이었다. 메림에게 단체 활동은 키르기스스탄 사회의 변화를 이끌어내는 데 참여하는 과정이었을 뿐만 아니라, 본인의 성장을 도모할 수 있는 소중한 기회이기도 했다.

메림은 EGEP를 통해 다양한 여성 이슈와 아이디어를 접하게 된 것이 앞으로 큰 도움이 될 것이라고 생각한다. EGEP 참여를 통해 현재 활동하는 단체의 활동 폭을 넓히고 한 단계 더 발전시킬 수 있는 활동가로 성장하겠다는 포부를 품을 수 있게 된 것도 큰 소득이다.

"EGEP 교육에서 여성 운동과 관련해 새로운 지식과 정보를 많이 접하게 되었어요. 특히 새로운 사람들, 새로운 문화를 많이 접할 수 있었던 것도 흥미로웠어요. 저는 계속해서 활동가로 살아갈 계획을 갖고 있기 때문에 이 프로그램이 저의 미래에 많은 도움이 될 거라고 생각해요. 여기서 배운 전략이나 지식들을 앞으로 제 일을 할 때 유용하게 활용해볼 수 있을 것 같아요."

© 김나연

아시아 여성들의

연대를 꿈꾸다

옴위파 루그흘라

Omwipa Rugkhla

태국

유엔 위민 아태지역사무소
(UN Women Asia-Pacific)

캠페인 코디네이터

10기 EGEP 수료

옴위파 루그홀라는 ‘유엔 위민(UN Women) 아태지역사무소’에서 캠페인 코디네이터로 활동하고 있다. 옴위파는 여성폭력 근절 캠페인 전략, 예산 집행 및 사업 실행 전반을 책임지고 운영하고 있다.

그녀는 어린 시절 겪은 여성에 대한 차별의 경험이 자신을 여성주의자로 성장하게 하는 발판이 되었다고 말한다. 아들을 갖기를 원했던 아버지가 자신이 태어난 것에 대해 실망감을 드러내고, 여학생이 학급 리더가 되는 것이 자연스러운 일이 아니었던 학교생활은 태국 사회에서 사는 여성이라면 흔히 겪는 일상의 차별이기도 했다. 그러나 호주의 대학에 진학해서 여성학 수업을 듣고 난 후 옴위파는 자신이 겪었던 차별의 경험을 설명하고 이에 도전할 수 있는 언어를 가지게 되었다. 졸업 후에 호주에서 직장을 얻었지만 그녀는 점차 아시아에서, 아시아 여성들을 위해 일하고 싶다는 꿈을 갖게 되었다. 결국 아시아로 기반을 옮긴 옴위파는 태국과 미얀마 국경 지대 성 노동자의 권리를 위한 단체, 몽골의 성 평등 위원회 등에서 일하며 아시아 여성주의 활동가로서의 경력을 쌓아왔다.

여러 활동 중에서 가장 자랑스럽게 여기는 일은 2015년 유엔 위민에서 주최한 젠더 기반 폭력 근절을 위한 16일간의 캠페인을 기획·운영했던 것이라고 말한다. 이 사업을 위해 여타 UN기관들, 정부기관들, 외교단체들 및 시민사회단체들과 함께 협업하면서 캠페인을 성공적으로 마칠 수 있었다. 이 과정에서 그녀는 경계를 가로지르는 여성 연대와 여성 리더십의 중요성을 깊이 깨닫게 되었다. EGEP의 주제인 ‘초국적 여성주의’에 그녀가 특별히 공감하는 이유이다.

“초국적 여성주의에 대해 더 많이 이야기해야 한다고 생각해요. 전 아시아에 속해 있고, 아시아에서 일하고 싶어요. 다양한 배경을 가진 여성들과 일하고 싶어서 아시아 태평양 지역의 유엔 위민에서 일하고 있지요. 저는 지금까지의 과정이 마치 여행처럼 느껴져요. 10년, 20년 후에는 어떻게 될지 모르지만 전 제가 잘 선택해왔다고 생각해요. 그때그때마다 제가 옳다고 생각하는 대로 살아왔고 잘 해왔다고 믿어요.”

시 행 착 오 가 없 다 면

성 공 도 없 다

사디아 나와즈 체마

Sadia Nawaz Cheema

파키스탄

역량 강화 참여기구
(Strengthening
Participatory Organization)

젠더 트레이너

10기 EGEP 수료

© 김나연

사디아 나와즈 체마는 현재 파키스탄의 유명한 시민사회단체 중 하나인 '역량 강화 참여기구'에서 젠더 트레이너로 활동하고 있다. 1994년에 설립된 이 단체는 지역 사회를 활성화시키고, 인권, 특히 여성, 청소년, 어린이 및 소수자들의 인권에 대한 공공인식을 증진시키는 것을 비전으로 삼고 있다. 현재 파키스탄 전역에 주력 프로그램인 '시민의 목소리와 책임 프로그램'을 수행하고 있다. 사디아는 젠더 트레이너로서 지역의 풀뿌리단체 및 지역 주민의 젠더 인식 증진, 여성의 정치 참여, 젠더에 기초한 폭력 예방, 사회적 갈등 해소를 위한 다양한 트레이닝을 진행한다. 지역의 단체들과 지역 정부, 지역 경찰과의 협업이 필수적인 작업이다.

사디아는 석사과정에서 여성학을 전공하면서 여성주의 실천에 대해 깊이 있는 지식을 얻었다고 이야기한다. 그녀가 사는 파키스탄 사회에서 여성주의적 관점이나 실천은 여전히 호의적으로 받아들여지지 않고 있다. 그녀는 자신을 여성주의자로 내세우기보다는 시민단체 활동가로 소개하지만, 대신 자신이 관여하는 활동 안에서 여성주의를 녹여내는 노력을 기울이고 있다고 말한다. 이러한 '협상적인 운동' 방식을 통해 장기적으로 성 평등한 사회를 만드는 데 실질적으로 기여하겠다는 것이 그녀의 전략이다.

지역 사회에서 활동가로서 사디아의 이름은 꽤 알려져 있다. 얼마 전 '파키스탄-미국 졸업생 네트워크(Pakistan-US Alumni Network)'에서 개최한 2016년 국제 청소년 콘퍼런스에 강사로 초빙되기도 했다. 사디아는 이런 성과들이 오랜 시간 지역에 기반을 둔 활동을 펼치면서 시행착오를 거듭한 끝에 얻은 것이라고 말한다. 그녀는 많은 시행착오와 실패가 모여서 더 나은 내일이 만들어진다는 것을 믿는다. 자신이 얻은 이 귀중한 교훈을 여러 동료들, 그리고 후배 활동가들과 함께 나누고 싶다.

"저는 매우 열심히 노력했고, 그 덕분에 여기까지 올 수 있었어요. 제가 지금까지 이뤄온 것들에 대해 신에게 감사드려요. 어떠한 도움도 없이 미국에도 다녀왔고 네팔에도 다녀왔고, 지금 여기에 있어요. 제 삶의 이야기가 다른 여성들에게 당신도 할 수 있음을 보여주는 하나의 사례가 될 수 있기를 바랍니다. 어떠한 실패도 당신의 삶이 끝장났다는 것을 의미하지는 않는다는 것을요."

파티마툴카하르 알리 엠 후세인 알-카니

Fatimatulzahraa Ali M. Hussein Al-Kani

이라크

스피크 나우(Speak Now)

창립자

10기 EGEP 수료

© 김나연

파티마툴카하르 알리 엠 후세인 알-카니는 '스피크 나우'의 창단 멤버이다. '스피크 나우'는 가정폭력 근절을 목표로 하는 단체이며, 가정폭력에 대한 청소년들의 인식 변화를 이끌어냄으로써 미래의 성 평등한 사회를 만들기 위한 활동을 전개하고 있다. 파티마는 2012년 보스턴에서 열린 'Women to Women' 콘퍼런스 참가를 계기로 이 단체 설립에 참여하게 되었다. '스피크 나우'에서 그녀는 지역의 고등학교를 방문해 교육 허가를 받고, 지역 상황에 맞는 교육 프로그램을 제작하며, 초빙할 전문가를 선정하는 등 사업 전반을 관리·운영하는 일을 맡고 있다.

파티마는 이라크 사회에서 많은 여성들이 차별로 인해 피해와 고통을 받고 있는 것을 보고 여성을 위한 사회 운동에 동참하게 되었다. 많은 여성들이 교육의 혜택을 지속적으로 받지 못하고, 조혼제도로 어린 나이에 결혼을 강제당하며, 결혼생활을 하면서 성적, 언어적, 육체적, 심리적 폭력에 노출되는 경우가 너무나 빈번하다. 이러한 상황을 개선하기 위해서는 이후 미래 세대가 될 젊은 학생들의 의식을 바꾸는 것이 절실하다는 판단에서 파티마는 젊은 세대의 교육 운동에 뛰어들게 되었다.

사실 파티마는 인턴 의사이기도 하다. 그녀는 의사라는 직업과 '스피크 나우'의 활동가 신분을 조화롭게 잘 활용하고 있다. 이라크의 정치·경제적 상황 때문에 많은 사람들이 집을 떠나 유랑하며 살고 있는 처지여서 몸이 아파도 병원을 찾아가 치료를 받기 어려운 실정이다. 그렇기 때문에 파티마는 동료 의사들과 지역을 방문해 주민들에게 필요한 생필품과 의약품 등을 제공하고 있다. 이 과정에서 그녀는 예전에는 미처 몰랐던 기층민들의 삶을 이해하게 되었고, 이들에 대한 이해가 여성주의 활동가로서 정체성을 더욱 굳건하게 지탱해주었다. 이라크의 상황은 절망적이지만 그녀는 희망을 잃지 않는다.

"우리나라의 현 상황은 매우 힘들어요. 가장 힘든 건 아침에 본 가족을 저녁에 다시 볼 수 있을지 확신할 수 없는 거예요. 매번 폭발이 발생할 때마다 다음은 우리 차례가 아닐까 생각하게 돼요. 하지만 희망은 사라지지 않지요. 그게 제가 EGEP에 참여하게 된 이유이고, 그게 우리가 직장에 일하러 가는 이유예요."

활동가로서
열정과 보람을
간직하는 것이
중요해요

암갈란자야 썰렌발지르

Amgalanzaya Tserenbaljir

몽골

세이브 더 칠드런 일본 사무소
(Save the Children Japan)

프로그램 평가 담당자

10기 EGEP 수료

© 김나연

암갈란자야 썰렌발지르는 '세이브 더 칠드런 일본 사무소'에서 프로그램 평가 담당자로서 단체의 프로그램들을 모니터링, 평가하는 역할을 수행하고 있다. 이 단체는 아동 보호, 자연재해 최소화, 아동 친화적인 커뮤니티 환경 창출을 목표로 1986년 일본에 설립되었다. 이후 아동 교육 지원, 아동 보호 및 권리 증진, 응급 상황 대처 등과 같은 이슈로 몽골에서도 활동하고 있다. 국제단체와 몽골의 시민단체, 정부기관들과 협업해 몽골 어린이들의 삶의 조건을 증진시키기 위한 활동을 펼치고 있다.

암갈란자야는 '노르웨이 루터교 전도단(Norwegian Lutheran Mission)'의 지원을 받아 몽골에서 지난 6년간 건강 프로젝트를 진행하면서 여성 문제에 큰 관심을 갖게 되었다고 말한다. 지역의 여성들과 긴밀한 관계를 맺는 과정에서, 여성의 삶과 관련된 수많은 부정의, 차별, 갈등, 부패, 성희롱과 마주하게 되었기 때문이다. 여성들이 겪는 문제들을 개선하고 사회적 변화를 이끌어내기 위한 노력이 필요함을 절감했던 시간이었다. 이후 그녀는 성 평등을 위한 사회 변화를 이끌어내는 데 기여하고 싶은 열정을 갖게 되었다.

2015년부터 암갈란자야는 학교폭력 근절 프로젝트를 맡아 진행하고 있다. 이 프로젝트를 진행하면서 겪은 가장 큰 어려움은 학교관계자, 교사, 그리고 심지어 학생들마저 학교폭력을 개선해야 할 문제로 인식하지 않는다는 점이었다. 수차례 이들을 설득한 끝에 학교 방문 허가를 받을 수 있었으며, 이후 학생들과 친밀한 관계를 맺고 편안하게 학교폭력 문제를 상담할 수 있는 환경을 만들기 위해 노력을 기울였다. 1년간의 활동 끝에, 학생들이 찾아와 이 프로젝트가 자신들의 학교생활을 크게 바꿔놓았다는 말을 해주었을 때, 그녀는 말할 수 없이 큰 보람을 느꼈다.

암갈란자야는 활동가로서의 삶의 어려움뿐만 아니라 행복과 보람도 EGEP 참가자들과 함께 나누고 싶다고 말한다. 이를 통해 서로 더욱 힘을 북돋워주고 앞으로 더 먼 길을 걸어갈 수 있도록 응원해주고 싶기 때문이다. 그녀는 EGEP를 통해 만들어지는 여성주의 네트워크가 활동의 폭을 확장시켜줄 뿐만 아니라, 개인 활동가들에게 활동의 동력과 즐거움을 오래도록 환기해주는 역할을 하기를 기대한다.

© 김나연

계속해서 성장하는
여성 활동가가
되고 싶어요

하스니자 빈티 모하메드 하산

Hasniza Binti Mohamad Hassan

말레이시아

말레이시아 세인즈대학교 여성발전연구센터 (Centre for Women and Gender, KANITA)

연구 총괄 책임자

10기 EGEP 수료

하스니자 빈티 모하메드 하산은 '말레이시아 세인즈대학교 여성발전연구센터'에서 연구 총괄 책임자로 활동 중이다. 이 단체는 말레이시아 세인즈대학교(Universiti Sains Malaysia)에서 설립한 연구기관으로 여성과 젠더 관련 연구를 진행하고 있으며, 연구 지식 확산 커뮤니티와의 협업을 통해 성 평등한 사회를 만드는 데 기여하고 있다. 하스니자는 이 단체 업무 전반의 기획 및 운영을 책임지고 있으며, 특히 가정폭력, 성희롱 등의 이슈에 집중해 연구를 하고 있다.

하스니자는 최근 싱글 맘들의 경제적 역량을 강화하는 프로젝트를 진행하면서, 성인지 예산이라는 새로운 프레임을 도입했다. 이 프로젝트는 말레이시아에서 최초로 시도된 것이어서, 성인지 예산 개념을 설명하고 현실에 적용하는 연구를 진행하는 데 어려움이 많았다. 그러나 성인지 예산 개념을 말레이시아의 맥락에서 새롭게 조명한 그녀의 연구 결과가 큰 호응을 받으면서, 젠더 관점에서 예산과 정책을 수립해야 한다는 새로운 인식에 대한 관심이 제기되었다. 아직 갈 길이 멀지만, 하스니자는 말레이시아 학계에서 주류 프레임으로 다루어지고 있지 않은 젠더 이슈를 적극적으로 연구해왔던 지난 시간이 나름 의미 있는 시간이었다고 한다. 그 과정에서 말레이시아 학계에 작은 변화를 이끌어왔다고 생각하기 때문이다. 또한 개인적으로는 젠더 이슈를 중심으로 다루는 콘퍼런스나 워크숍에 꾸준히 참가하면서 문제의식을 심화시켜왔다는 점에서 스스로의 성장에 대해 만족하고 있다고 했다.

EGEP에 지원한 것은 하스니자에게 하나의 도전이었다. EGEP에 선발되었을 때는 여성 활동가로서 살아온 삶이 인정받았다는 생각에 행복했다고 말한다. 느리지만 확실한 걸음으로 자신의 길을 개척해온 하스니자에게 EGEP는 또 한 번의 중요한 도약의 기회가 될 것이다.

"작년에 저는 이제 내 능력을 한번 시험해볼 때가 왔다고 생각했어요. 그래서 EGEP에 지원했죠. '난 운이 좋으니까, 그리고 여성운동단체에서 활동하고 있으니까 될 거야'라고 생각했어요. 그리고 제가 이 프로그램에 참가할 수 있다는 소식을 들었을 때, 저 나름대로 지금까지 훌륭하게 활동해왔다는 것을 증명받은 느낌이었어요. 제 삶에서 가장 성공적인 것이 무엇이었냐고 묻는다면, 저는 스스로 임파워먼트할 수 있었던 것이라고 답할 거예요."

나 는

여 성 운 동

활 동 가 여 서

행 복 합 니 다

응우엔 푸옹 비

Nguyen Phuong Vy

베트남

젠더 · 가족 · 여성 · 청소년 · 연구센터(Center for Studies and Applied Sciences in Gender, Family, Women and Adolescents)

프로그램 담당자

10기 EGEP 수료

© 김나연

응우엔 푸옹 비는 '젠더·가족·여성·청소년 연구센터'의 프로그램 담당자이다. 이 단체는 여성과 아동을 위한 비영리·비정부단체로 성폭력, 가정폭력, 학교폭력, 인신매매, 성 소수자 차별 등의 영역에 초점을 맞춰 활동하고 있다. 프로그램 담당자로서 비는 여성과 소녀들의 권리를 증진할 수 있는 프로그램과 활동을 기획, 운영하는 업무를 맡고 있다. 더불어 성 평등과 여성 역량 강화를 주제로 한 교육과 연구 업무를 관장한다.

비는 아들과 딸을 차별 없이 사랑하고 딸의 사회 활동을 전폭적으로 지지하는 부모님의 사랑 속에서 자랐다. 그러나 어린 시절 이웃집에서 들려오던 여성의 울음소리, 접시가 깨지는 소리, 소리치는 남자의 목소리를 아직도 기억한다. 왜 아무도 이웃여자를 도와주러 가지 않는지 이해할 수가 없었다고 한다. 성인이 되면서 그녀는 어린 시절의 그 두려운 기억들이 만들어졌던 사회적 조건에 대해 이해하게 되었다. 동시에 여성을 남편의 소유물로 여기는 사회의 인식을 바꾸는 일을 해야겠다는 신념이 생겨났다. 그리고 그 신념에 따라 직업을 선택했다.

비는 2015년 11월 25일을 가장 행복했던 날 중 하나로 기억한다. 11월 25일은 여성폭력 근절을 위한 날로서, 베트남의 많은 시민단체들이 여성 이슈로 캠페인을 펼쳤다. 그때 비는 거리 퍼포먼스, 전시, 워크숍 등과 같은 다양한 프로그램을 진행했는데, 많은 여성 참가자들이 자기 삶의 주체로서 자신의 의견과 느낌을 말하는 모습을 보며 가슴이 뭉클했다. 활동가로서의 삶은 쉽지 않지만 이런 행복한 순간이 있기에 견딜 수 있었다. 싱글 맘으로서의 삶도 어렵긴 하지만 그녀는 충분히 자신의 삶을 즐기고 있다.

"저는 여성에 대한 차별이나 억압을 접할 때마다 여전히 두렵고 상처를 많이 받아요. EGEP에 참가하기 직전에도 베트남에서는 여러 슬픈 사건들이 있었어요. 그런 사건을 접할 때마다 상처를 받기도 하지만 그것이 제게 활동을 계속하도록 하는 자극이 되기도 해요. 아버지는 제 일을 매우 좋아하셨어요. 안타깝게도 반년 전에 돌아가셨습니다. 저는 24살 때 결혼했지만 지금은 이혼했어요. 제가 이혼했다는 이야기를 하면 사람들은 언제나 '유감이네요' 라고 말해요. 하지만 그럴 필요가 없어요. 왜냐하면 전 지금 행복하거든요."

AFGHANISTAN 아프가니스탄

Iranian and Kurdish Women's Rights Organization (IKWRO)
▶http://ikwro.org.uk
▶paytonjl@cf.ac.uk

UNFPA Afghanistan
▶http://afghanistan.unfpa.org
▶afghanistan.office@unfpa.org

BANGLADESH 방글라데시

Ain o Salish Kendra (ASK)
▶http://www.askbd.org
▶ask@citechco.net

Bangladesh Institute of Theatre Arts (BITA)
▶http://www.bitactg.org
▶bitactg@gmail.com

Bangladesh National Woman Lawyers' Association (BNWLA)
▶http://www.bnwlabd.org
▶bnwlabjmas@gmail.com

Plan International Bangladesh
▶http://plan-international.org/bangladesh
▶plan.bangladesh@plan-international.org

World Vision Bangladesh
▶http://www.wvi.org/bangladesh
▶pnc.bgd@wvi.org

BHUTAN 부탄

Lhomon Society
▶http://www.sji.bt
▶info@sji.bt

Respect, Educate, Nurture and Empower Women (RENEW)
▶http://renew.org.bt
▶info@renew.org.bt

CAMBODIA 캄보디아

Cambodia Indigenous Peoples Organization (CIPO)
▶http://cipocambodia.org
▶info@cipocambodia.org

Gender and Development for Cambodia
▶http://www.gadc.org.kh
▶info@gadc.org.kh

VBNK
▶http://www.vbnk.org

▶office@vbnk.org

World Hope International
▶http://worldhope.org
▶info@worldhope.org

CHINA 중국

Beijing Gender Health Education Institute
▶http://www.bghei.org
▶bjghei@gmail.com

Half The Sky Public Education
▶http://half-the-sky.org

Shandong Normal Univeristy
▶http://www.sdnu.edu.cn/
▶dangwei@sdnu.edu.cn

EAST TIMOR 동티모르

YWCA Timor-Leste
▶http://ywcatl.wordpress.com
▶pextil_89@yahoo.co.id

ETHIOPIA 에티오피아

International Rescue Committee
▶http://www.rescue.org

INDIA 인도

Centre for Women's Development Studies (CWDS)
▶http://www.cwds.ac.in
▶cwds@cwds.ac.in

Lady Doak College
▶http://www.ladydoakcollege.edu.in/
▶principal@ldc.edu.in

Sappho for Equality
▶http://www.sapphokolkata.in
▶sappho1999@gmail.com

SEWA Bharat
▶http://sewabharat.org
▶mail@sewabharat.org

Women and Youth for Peace and Development
▶http://www.facebook.com/WAYforPeace

Zo Indigenous Forum
▶http://zoindigenous.blogspot.kr
▶longblack1102@gmail.com

INDONESIA 인도네시아

Ardhanary Institute
▶http://ardhanaryinstitute.org

ASEAN Studies Centre
▶http://www.iseas.edu.sg/centres/asean-studies-centre
▶asc@iseas.edu.sg

Dialogue, Empathic Engagement and Peacebuilding (DEEP)
▶ http://globaldeepnetwork.org
▶ info@globaldeepnetwork.org

Indonesian Legal Aid Association for Women (APIK)
▶ info@asosiasilbhapik.or.id

Leuser International Foundation
▶ http://www.leuserfoundation.org
▶ leuser@leuserfoundation.org

JORDAN 요르단

All Jordan Youth Commission
▶ http://www.ajyc.jo/en/Default.aspx
▶ info@ajyc.jo

KENYA 케냐

Donate A Pad Initiative
▶ http://www.facebook.com/DonatePads

Toto Afrika
▶ http://www.totoafrika.org
▶ info@totoafrika.org

KYRGYZSTAN 키르기스스탄

Bishkek Feminist Collective SQ
▶ http://www.facebook.com/bishkekfeminists

MALAWI 말라위

Girls Empowerment Network
▶ http://girlsempowermentnetwork.org
▶ office@girlsempowermentnetwork.org

MALAYSIA 말레이시아

Centre for Research on Women and Gender (KANITA)
▶ http://kanita.usm.my
▶ kanita@usm.my

Penang Women's Development Corporation
▶ http://pwdc.org.my
▶ info@pwdc.org.my

Reproductive Health Association of Kelantan (ReHAK)
▶ http://www.facebook.com/rehakelantan

MONGOLIA 몽골

Mongolian Gender Equality Center (MGEC)
▶ http://stoptrafficking.mn
▶ gendereqcen@magicnet.mn

MYANMAR 미얀마

Asian Institute of Technology
▶ http://www.ait.ac.th
▶ oexr@ait.asia

Community Association for Rural Development (CARD)
- http://cardlairam.blogspot.kr
- lrcyangon@lrcmyanmar.org

Gender Equality Network
- http://www.genmyanmar.org
- lrcyangon@lrcmyanmar.org

NEPAL 네팔

ActionAid International Nepal
- http://www.actionaid.org/nepal
- mail.nepal@actionaid.org

Empowering Women of Nepal
- http://empoweringwomenofnepal.wordpress.com
- ewomenofnepal@gmail.com

Forum for Women, Law and Development (FWLD)
- http://fwld.org
- fwld2013@gmail.com

Himalayan Grassroots Women's Natural Resource Management Association (HIMAWANTI)
- http://www.nhimawanti.org.np
- nhimawanti@gmail.com

Indigenous Women Legal Awareness Group (INWOLAG)
- http://inwolag.org.np
- inwolag@yahoo.com

Institute of Human Rights Communication Nepal (IHRICON)
- http://ihricon.org.np
- ihriconihricon@gmail.com

Jhumlawang Village Foundation
- http://jvf-nepal.org
- jvf.nepal@gmail.com

PAKISTAN 파키스탄

Aurat Foundation
- http://www.af.org.pk
- headoffice@af.org.pk

Muslim Hands
- http://muslimhands.org.uk
- mail@muslimhands.org.uk

Paiman Alumni Trust
- http://paimantrust.org
- mail@paimantrust.org

Strengthening Participatory Organization (SPO)
- http://www.spopk.org
- info@spopk.org

Waves for Development
- http://www.wavesfordevelopment.org
- info@wavesfordevelopment.org

Women Development Organization
- http://www.wdo.org.pk

PALESTINE 팔레스타인

Global Communities
▶http://www.globalcommunities.org/westbank-gaza

Palestinian initiative for Supporting Students
▶http://en.esnad.ps
▶jihadme@yahoo.com

The Center for Democracy and Community Development
▶http://www.cd-cd.org
▶walidsociety@gmail.com

Palestine YMCA
▶http://www.ej-ymca.org/
▶abatarseh@ej-ymca.org

PHILIPPINES 필리핀

Alyansa Tigil Mina
▶http://alyansatigilmina.net

Family Planning Organization of the Philippines (FPOP)
▶http://www.fpop1969.org/
▶fpop1969@yahoo.com

The Asia Foundation
▶http://asiafoundation.org
▶philippines.general@asiafoundation.org

UPecon-Health Policy Development Program
▶upecon.hpdp@gmail.com

Women and Gender Institute, Miriam College
▶http://www.mc.edu.ph/AdvocacyCenters/WomenandGenderInstitute.aspx
▶wagi@mc.edu.ph

SIERRA LEONE 시에라리온

Save the Children International
▶http://www.savethechildren.net
▶info@savethechildren.org

SOUTH KOREA 한국

동국대학교 양성평등상담소(The Gender Equity Center of Dongguk University)
▶http://site.dongguk.ac.kr/wiz/user/ssangdam
▶gender@dongguk.edu

서대문도서관 친구들(The Friends of Seodaemun Library)
▶http://cafe.daum.net/sdmfriend

아시아위민브릿지 두런두런(Asia Women Bridge DoRun DoRun)
▶http://dorundorun.org/57
▶dorundorun.korea@gmail.com

전쟁 없는 세상(World Without War)
▶http://www.withoutwar.org
▶peace@withoutwar.org

젠더정치연구소 여. 세. 연(Korea Women's Political Solidarity)
▶http://womanpower.or.kr/2014
▶wopo@womanpower.or.kr

한국성폭력상담소(Korea Sexual Violence Relief Center)
▶http://www.sisters.or.kr
▶ksvrc@sisters.or.kr

SRI LANKA 스리랑카

Law and Society Trust
▶http://www.lawandsocietytrust.org
▶lstadmin@sltnet.lk

THAILAND 태국

UN Women Regional Office for Asia and the Pacific
▶http://asiapacific.unwomen.org

TUNISIA 튀니지

Arab Women in Computing, Tunisia section
▶http://arabwic.org
▶info@arabwic.org

VIETNAM 베트남

Center for Studies and Applied Sciences in Gender, Family, Women and Adolescents (CSAGA)
▶http://csaga.org.vn/trang-chu.htm
▶csaga@csaga.org.vn

Gender and Community Development Network
▶http://www.gencomnet.org
▶gencomnet@gencomnet.org

Hagar International in Vietnam
▶http://www.hagarinternational.org/international/our-work/where-we-work/vietnam/
▶info.vn@hagarinternational.org

Research Centre for Gender, Family and Environment in Development (CGFED)
▶http://en.cgfed.org.vn
▶info@cgfed.org.vn

ZIMBABWE 짐바브웨

Zimbabwe Women Lawyers Association
▶http://www.zwla.co.zw
▶zwla@zwla.co.zw

그 외

Asia Pacific Forum on Women, Law and Development (APWLD)
▶http://www.apwld.org
▶apwld@apwld.org

변화를 만드는 초국적 여성 운동 2

아시아·아프리카 여성 활동가 112인의 이야기

펴낸날 1판 1쇄 2017년 5월 30일
기획 이화여자대학교 아시아여성학센터
글 이명선·노지은·김나연·이소정·이은희
펴낸이 권은미
펴낸곳 이화여자대학교출판문화원
주소 서울특별시 서대문구 이화여대길 52(우 03760)
등록 1954년 7월 6일 제9-61호
전화 02) 3277-2965(편집), 02) 362-6076(마케팅)
팩스 02) 312-4312
전자우편 press@ewha.ac.kr
홈페이지 www.ewhapress.com
책임편집 김미정
디자인 김리영·정혜진
찍은곳 (주)현문자현

ISBN 979-11-5890-223-0 94330
ISBN 979-11-85909-13-4 (세트)
값 20,000원

* 잘못된 책은 바꾸어 드립니다.

이 도서의 국립중앙도서관 출판예정도서목록(CIP)은 서지정보유통지원시스템 홈페이지(http://seoji.nl.go.kr)와 국가자료공동목록시스템(http://www.nl.go.kr/kolisnet)에서 이용하실 수 있습니다.(CIP제어번호: CIP2017011630)